人民法院执行办案指引

最高人民法院执行局

人民法院出版社

图书在版编目（CIP）数据

人民法院执行办案指引/最高人民法院执行局编. —北京：人民法院出版社，2018.1
ISBN 978-7-5109-1997-8

Ⅰ.①人… Ⅱ.①最… Ⅲ.①法院—执行(法律)—中国 Ⅳ.①D926.2

中国版本图书馆 CIP 数据核字（2017）第 313060 号

人民法院执行办案指引
最高人民法院执行局　编

责任编辑 李安尼　**执行编辑** 刘晓宁	
出版发行	人民法院出版社
地　　址	北京市东城区东交民巷 27 号（100745）
电　　话	（010）67550579（责任编辑）　67550558（发行部查询） 65223677（读者服务部）
客 服 QQ	2092078039
网　　址	http://www.courtbook.com.cn
E - mail	courtpress@sohu.com
印　　刷	三河市国英印务有限公司
经　　销	新华书店
开　　本	787×1092 毫米　1/16
字　　数	165 千字
印　　张	13.5
版　　次	2018 年 1 月第 1 版　2025 年 6 月第 10 次印刷
书　　号	ISBN 978-7-5109-1997-8
定　　价	48.00 元

版权所有　侵权必究

凡 例

本规范正文所用主要法律法规名称均用简语,其例如下:

《中华人民共和国民事诉讼法》　　　　民事诉讼法
《中华人民共和国物权法》　　　　　　物权法
《中华人民共和国担保法》　　　　　　担保法
《中华人民共和国企业破产法》　　　　企业破产法
《中华人民共和国合同法》　　　　　　合同法

前　言

2016年11月，在周强院长的关心下，最高人民法院执行局组织专门力量，对现行有效的所有执行规范进行了疏理汇编，并最终形成《人民法院办理执行案件规范》（下称《规范》），于2017年4月正式出版发行。《规范》的出版，在很大程度上缓解了执行人员规范适用上的困难，为服务基层一线办案，提升执行规范化水平，起到了十分积极的作用，受到广大基层一线执行干警的欢迎。

当前，基层法院案多人少的矛盾依然非常普遍，在繁重的工作压力下，执行人员无暇对执行规范进行系统全面的学习和知识更新。同时，不少地方执行人员流动性强，执行工作依赖经验的特点又十分突出。为给一线执行实施干警提供一个更加具体详细的办案指引，方便新进人员尽快熟悉工作，最高人民法院执行局在《规范》的基础上，以操作流程标准化为原则，以执行实施案件的办理节点为主线，编印了这本类似于使用说明书式的人民法院执行办案指引。

总体而言，本书有三个特点：一是以服务基层一线实施办案为根本宗旨。不论是结构还是内容，均以如何更好地指引执行实施办案为依归，回应基层一线执行实施人员的关切，基本不涉及执行审查案件的办理。二是以方便实用为编写原则。编著过程中，为尽量克服法律、司法解释过于抽象的缺陷，结合办案流程节点，对每一环节每一步骤具体该做什么、需要注意什么等都尽量讲清楚道明白，特别值得一提的是，本书对实践中大家把握不准的一些问题作了针对性的回应，非常实用。三是以规范权威为基本要求。本指引力求做到每条每款都有来源、有出处。其中，部分现行法律法规司法解释没有明确的内容，是在征求各地法院意见并多次组织地方法院一线干警进行研讨的基础上形成的共识，供大家在实践中参考适用。

最后，希望本书的出版能够切实对规范执行实施办案有所裨益。因时间仓促，本书难免会有错漏遗失及不尽人意之处，敬请广大读者不吝批评指正。

总　目　录

第一编　金钱给付请求权的执行

第一章　执行立案 …………………………………………（ 3 ）

第二章　执行前的准备 ……………………………………（ 9 ）

第三章　财产调查 …………………………………………（ 13 ）

第四章　财产的查封、扣押、冻结、划拨 ………………（ 24 ）

第五章　财产处置 …………………………………………（ 64 ）

第六章　参与分配 …………………………………………（ 97 ）

第七章　执行程序与破产程序的衔接 ……………………（104）

第八章　执行款的管理和发放 ……………………………（111）

第九章　执行事项委托 ……………………………………（116）

第十章　强制措施、间接执行措施和刑事处罚 …………（120）

第十一章　执行流程中的特殊事项 ………………………（139）

第十二章　执行期限 ………………………………………（153）

第十三章　终结本次执行程序 ……………………………（155）

第十四章　执行结案 ………………………………………（162）

第二编　非金钱给付请求权的执行

第十五章　物的交付请求权的执行 …………………………（169）

第十六章　行为请求权的执行 ………………………………（176）

第三编　附　则

后　记 …………………………………………………………（182）

目 录

第一编　金钱给付请求权的执行

第一章　执行立案 …………………………………………（3）

1. 申请执行 ………………………………………………（3）
2. 申请执行材料的接收 …………………………………（3）
   - 2-1 接收材料 ………………………………………（3）
   - 2-2 材料错漏的处理 ………………………………（4）
   - 2-3 确认送达地址的处理 …………………………（4）
3. 立案审查 ………………………………………………（4）
   - 3-1 审查内容 ………………………………………（4）
   - 3-2 决定是否立案 …………………………………（5）
   - 3-3 立案及相应处理 ………………………………（6）
     - 3-3-1 收集信息 …………………………………（6）
     - 3-3-2 送达文书 …………………………………（6）
     - 3-3-3 录入系统 …………………………………（6）
     - 3-3-4 整理移交案卷 ……………………………（6）
   - 3-4 不立案及相应处理 ……………………………（7）
4. 非当事人申请启动的执行案件立案 …………………（7）
   - 4-1 审判部门移送执行 ……………………………（7）
     - 4-1-1 适用情形 …………………………………（7）

4-1-2 移送要求 …………………………………………（ 7 ）
　　　4-1-3 审查立案 …………………………………………（ 8 ）
　　4-2 指定执行、提级执行 ………………………………（ 8 ）
　　4-3 其他法院移送执行 …………………………………（ 8 ）

第二章　执行前的准备 …………………………………（ 9 ）

　5. 阅卷及案件信息的核对 …………………………………（ 9 ）
　　5-1 阅卷 ……………………………………………………（ 9 ）
　　5-2 卷宗材料遗漏、错误的处理 ………………………（ 9 ）
　　5-3 系统信息错录、漏录的处理 ………………………（ 9 ）
　6. 发现应回避情形的处理 …………………………………（ 9 ）
　7. 无管辖权的处理 …………………………………………（ 10 ）
　　7-1 一般原则 ………………………………………………（ 10 ）
　　7-2 已控制财产的特殊处理 ……………………………（ 10 ）
　8. 不符合受理条件的处理 …………………………………（ 11 ）
　　8-1 当事人申请的情形 ……………………………………（ 11 ）
　　8-2 移送的情形 ……………………………………………（ 11 ）
　9. 发出执行通知 ……………………………………………（ 11 ）
　　9-1 发出 ……………………………………………………（ 11 ）
　　9-2 注意事项 ………………………………………………（ 12 ）

第三章　财产调查 …………………………………………（ 13 ）

　10. 核实财产线索 ……………………………………………（ 13 ）
　11. 责令被执行人报告财产 …………………………………（ 13 ）
　　11-1 发出报告财产令 ……………………………………（ 13 ）
　　11-2 核实财产报告 ………………………………………（ 14 ）
　　11-3 不履行报告财产义务的处理 ………………………（ 14 ）
　　11-4 记录 …………………………………………………（ 14 ）
　　11-5 报告财产程序的终结 ………………………………（ 14 ）

12. 网络调查 ·· (15)
13. 现场调查 ·· (15)
    13-1 适用情形 ·· (15)
    13-2 采取执行措施 ·· (16)
    13-3 不予协助的处理 ·· (16)
    13-4 注意事项 ·· (16)
14. 现场搜查 ·· (16)
    14-1 适用情形 ·· (16)
    14-2 签发搜查令 ·· (17)
    14-3 通知相关人员到场 ·· (17)
    14-4 进行搜查 ·· (17)
    14-5 发现财产予以查控 ·· (18)
15. 传唤、拘传 ·· (18)
    15-1 传唤 ·· (18)
    15-2 拘传 ·· (18)
16. 协助查找特定财产 ·· (19)
17. 审计调查 ·· (19)
    17-1 决定审计 ·· (19)
    17-2 确定审计机构 ·· (19)
    17-3 收集审计资料 ·· (20)
    17-4 审计费用的负担 ·· (20)
18. 公告悬赏 ·· (20)
    18-1 决定悬赏 ·· (20)
    18-2 发布悬赏公告 ·· (21)
    18-3 登记财产线索 ·· (21)
    18-4 发放悬赏金 ·· (21)
19. 财产调查中的注意事项 ·· (22)
    19-1 委托调查 ·· (22)
    19-2 相关性原则与保密义务 ·· (22)

19-3 资料的提取、留存…………………………………（22）
19-4 调查结果的告知…………………………………（22）
19-5 调查信息的录入…………………………………（23）
19-6 办理时限的要求…………………………………（23）
19-7 财产调查令………………………………………（23）

第四章 财产的查封、扣押、冻结、划拨……………（24）

20. 发现财产后的处理……………………………………（24）
一、银行存款………………………………………………（24）
21. 存款可冻结、划拨的判断标准及冻结期限…………（24）
22. 冻结与划拨的衔接……………………………………（25）
23. 作出裁定、制作协助执行通知书……………………（25）
24. 通知金融机构协助执行………………………………（25）
25. 通知优先权人、共有权人……………………………（26）
26. 金融机构擅自解冻的处理……………………………（26）
　26-1 责令限期追回…………………………………（26）
　26-2 逾期未追回的处理……………………………（27）
二、收入……………………………………………………（27）
27. 可按收入执行程序执行的判断标准…………………（27）
28. 作出裁定、制作协助执行通知书……………………（27）
29. 通知有关单位协助执行………………………………（27）
30. 协助义务人擅自支付的处理…………………………（28）
　30-1 责令限期追回…………………………………（28）
　30-2 逾期未追回的处理……………………………（28）
三、股息或红利等收益……………………………………（29）
31. 股息或红利等收益可予冻结、提取的判断标准及
　　冻结期限………………………………………………（29）
32. 作出裁定、制作协助执行通知书……………………（29）
33. 通知有关企业协助执行………………………………（30）

34. 有关企业擅自支付的处理 …………………………………（30）
　　34-1 责令限期追回 ………………………………………（30）
　　34-2 逾期未追回的处理 …………………………………（31）
四、动产 ……………………………………………………………（31）
35. 动产可查封、扣押的判断标准及查封、扣押期限 ………（31）
36. 作出裁定、制作协助执行通知书 …………………………（31）
37. 现场查封、扣押 ……………………………………………（32）
　　37-1 通知相关人员到场 …………………………………（32）
　　37-2 确定保管人及是否允许使用 ………………………（32）
　　　　37-2-1 确定保管人 …………………………………（32）
　　　　37-2-2 决定是否允许使用 …………………………（32）
　　37-3 张贴封条、公告 ……………………………………（33）
　　37-4 制作查封、扣押笔录和财产清单 …………………（33）
　　　　37-4-1 查封、扣押笔录要求 ………………………（33）
　　　　37-4-2 财产清单要求 ………………………………（34）
　　37-5 录音录像 ……………………………………………（34）
38. 特殊动产的查封、扣押 ……………………………………（34）
　　38-1 通知登记机关协助执行 ……………………………（34）
　　38-2 未实际扣押的责令交出或协助查找 ………………（34）
　　38-3 未登记特殊动产的扣押 ……………………………（35）
39. 船舶执行的专属管辖 ………………………………………（35）
五、不动产 …………………………………………………………（36）
40. 不动产可查封的判断标准及查封期限 ……………………（36）
41. 作出裁定、制作协助执行通知书、查封公告 ……………（36）
42. 通知不动产登记机关协助执行 ……………………………（37）
43. 现场查封 ……………………………………………………（37）
　　43-1 通知相关人员到场 …………………………………（37）
　　43-2 查明现场占有使用情况 ……………………………（37）
　　43-3 确定保管人及是否允许使用 ………………………（38）

43-4 张贴封条、查封公告、提取证照 …………………………（38）
43-5 制作查封笔录 ……………………………………………（38）
43-6 录音录像 …………………………………………………（38）
44. 不动产的预查封 …………………………………………………（39）
44-1 预查封的一般规定 ………………………………………（39）
44-2 土地使用权的预查封 ……………………………………（39）
44-2-1 全部缴纳土地使用权出让金的情形 ……………（39）
44-2-2 部分缴纳土地使用权出让金的情形 ……………（39）
44-3 房屋的预查封 ……………………………………………（40）

六、证券及其交易结算资金 …………………………………………（40）
45. 证券及其交易结算资金可冻结、划拨的判断标准及
冻结期限 …………………………………………………………（40）
46. 冻结与划拨的衔接 ………………………………………………（41）
47. 作出裁定、制作协助执行通知书 ………………………………（41）
48. 通知证券公司、证券登记结算机构协助执行 …………………（42）
49. 可流通证券的直接变价 …………………………………………（42）

七、股权、其他投资权益 ……………………………………………（42）
50. 股权、其他投资权益可冻结的判断标准及冻结期限 …………（42）
51. 作出裁定、制作协助执行通知书等文书 ………………………（43）
52. 通知相关部门、市场主体协助执行 ……………………………（43）
52-1 通知工商行政管理机关协助执行 ………………………（43）
52-2 通知市场主体协助执行 …………………………………（44）
53. 市场主体擅自协助转移已冻结股权的处理 ……………………（44）

八、债权 ………………………………………………………………（45）
54. 可以依照到期债权执行程序予以执行的判断标准及
冻结期限 …………………………………………………………（45）
55. 作出冻结裁定与履行通知 ………………………………………（45）
55-1 一般规定 …………………………………………………（45）
55-2 冻结裁定的内容 …………………………………………（45）

55-3 履行通知的内容 …………………………………………（45）
56. 送达冻结裁定、履行通知 …………………………………（46）
　　56-1 送达次债务人及对异议的收集 ………………………（46）
　　56-2 送达被执行人 …………………………………………（46）
57. 异议的处理 …………………………………………………（47）
　　57-1 指定期限内提出异议的处理 …………………………（47）
　　　　57-1-1 不得对次债务人强制执行 ……………………（47）
　　　　57-1-2 告知申请执行人异议情况、救济途径 ………（47）
　　57-2 逾期提出异议的处理 …………………………………（48）
　　57-3 对法律文书确认债权提出债权消灭异议的处理 ……（48）
　　57-4 利害关系人对到期债权提出异议的处理 ……………（48）
58. 裁定对次债务人强制执行 …………………………………（48）
59. 几种特殊情形的处理 ………………………………………（49）
　　59-1 被执行人放弃债权或延缓履行期限 …………………（49）
　　59-2 次债务人擅自履行债务 ………………………………（49）
　　59-3 发现次债务人有到期债权 ……………………………（49）
60. 已申请执行的到期债权的执行 ……………………………（49）
61. 未到期债权的执行 …………………………………………（50）

九、知识产权 ……………………………………………………（50）
　　（一）专利权、专利申请权 …………………………………（50）
62. 专利权、专利申请权可冻结的判断标准及冻结期限 ……（50）
　　62-1 专利权 …………………………………………………（50）
　　62-2 专利申请权 ……………………………………………（51）
　　62-3 冻结期限 ………………………………………………（51）
63. 作出裁定、制作协助执行通知书 …………………………（51）
64. 通知国务院专利行政管理部门协助执行 …………………（51）
　　（二）注册商标专用权 ………………………………………（52）
65. 注册商标专用权可冻结的判断标准及冻结期限 …………（52）
66. 作出裁定、制作协助执行通知书 …………………………（53）

67. 通知国家工商行政管理总局商标局协助执行……………（53）
　　（三）著作权中的财产权……………………………（54）
68. 著作权中的财产权可冻结的判断标准及冻结期限………（54）
69. 制作、送达裁定……………………………………………（54）
十、注意事项……………………………………………………（55）
70. 禁止明显超标的查封………………………………………（55）
71. 不得查封财产的一般范围…………………………………（55）
72. 从物和孳息的查封…………………………………………（56）
73. 共有财产的查封……………………………………………（56）
74. 涉第三人财产的查封………………………………………（57）
　　74-1 第三人占有财产的查封……………………………（57）
　　　　74-1-1 第三人为被执行人的利益占有的情形……（57）
　　　　74-1-2 第三人为自己的利益依法占有的情形……（57）
　　74-2 被执行人出卖但保留所有权的财产（非不动产）的
　　　　 查封…………………………………………………（57）
　　　　74-2-1 一般原则…………………………………（57）
　　　　74-2-2 第三人要求继续履行合同的情形…………（58）
　　74-3 被执行人出卖需办理过户登记的财产的查封………（58）
　　74-4 被执行人购买的第三人保留所有权财产（非不动产）的
　　　　 查封…………………………………………………（58）
　　　　74-4-1 第三人未依法解除合同的情形……………（58）
　　　　74-4-2 第三人依法解除合同的情形………………（58）
　　74-5 被执行人购买但未过户财产的查封…………………（59）
75. 最高额抵押财产的查封……………………………………（59）
76. 第三人未经允许占有查封财产的处理……………………（59）
77. 续行查封……………………………………………………（60）
　　77-1 续行查封告知………………………………………（60）
　　77-2 续行查封的期限……………………………………（60）
78. 轮候查封……………………………………………………（60）

78-1 轮候查封的情形……………………………………（60）

  78-2 轮候查封的办理流程………………………………（61）

    78-2-1 财产有登记………………………………（61）

    78-2-2 财产未登记………………………………（61）

  78-3 查明首封情况………………………………………（61）

  78-4 轮候查封的期限……………………………………（61）

  78-5 轮候查封的续封……………………………………（62）

79. 查封物毁损灭失的处理………………………………（62）

80. 查封解除…………………………………………………（62）

  80-1 适用情形……………………………………………（62）

  80-2 查封解除的办理流程………………………………（63）

81. 另案确权、分割不影响执行…………………………（63）

第五章 财产处置……………………………………（64）

82. 财产变价方式……………………………………………（64）

83. 及时处置的要求…………………………………………（64）

一、处置权……………………………………………………（65）

84. 首先查封法院处置原则…………………………………（65）

85. 非首封的优先债权执行法院取得处置权的情形………（65）

  85-1 适用情形……………………………………………（65）

  85-2 移送程序和争议协调………………………………（65）

    85-2-1 向首封法院发送商请移送函……………（65）

    85-2-2 首封法院移送执行………………………（66）

    85-2-3 文书要求…………………………………（66）

    85-2-4 争议协调…………………………………（66）

  85-3 处置权转移后的注意事项…………………………（66）

86. 轮候查封法院取得处置权的情形及办理……………（67）

  86-1 首先查封的法院系保全查封的情形………………（67）

  86-2 首先查封法院系执行查封的情形…………………（67）

86-3 参照适用 …………………………………………（67）
　二、处置前的准备 ……………………………………………（68）
　87. 调查权属、占有使用情况 …………………………………（68）
　　　87-1 一般规定 …………………………………………（68）
　　　87-2 收集资料 …………………………………………（68）
　　　　　87-2-1 收集内容 …………………………………（68）
　　　　　87-2-2 收集方式 …………………………………（69）
　　　87-3 现场勘查 …………………………………………（69）
　88. 确定是否合并处置 …………………………………………（69）
　　　88-1 一般判断原则 ……………………………………（69）
　　　88-2 房地一体处分 ……………………………………（70）
　　　88-3 判断附属设施、配套是否一并执行 ……………（70）
　89. 查封、抵押后设定权利负担的处理 ………………………（70）
　　　89-1 查封后擅自出租或有碍执行的处理 ……………（70）
　　　89-2 抵押后出租的处理 ………………………………（71）
　　　89-3 虚假租赁的处理 …………………………………（71）
　　　89-4 承租人占有的除去 ………………………………（72）
　90. 强制迁出 ……………………………………………………（72）
　　　90-1 决定是否强制迁出 ………………………………（72）
　　　90-2 强制迁出的办理 …………………………………（72）
　　　90-3 强制迁出前的评估 ………………………………（72）
　三、委托评估 …………………………………………………（73）
　91. 确定是否评估 ………………………………………………（73）
　92. 移送评估 ……………………………………………………（73）
　93. 选择评估机构 ………………………………………………（73）
　94. 评估机构现场勘验 …………………………………………（73）
　95. 审查评估报告 ………………………………………………（74）
　　　95-1 审查的内容 ………………………………………（74）
　　　95-2 评估程序明显错误的处理 ………………………（74）

96. 发送评估报告 ………………………………………（74）
　96-1 发送及事项告知 …………………………………（74）
　96-2 发送对象下落不明的处理 ………………………（75）
97. 处理评估报告异议 ……………………………………（75）
　97-1 对评估报告内容异议的处理 ……………………（75）
　97-2 对评估资质或评估程序异议的处理 ……………（75）
98. 评估报告有效期 ………………………………………（76）
　98-1 启动拍卖程序后过期 ……………………………（76）
　98-2 启动拍卖程序时已过期 …………………………（76）

四、拍卖 ……………………………………………………（76）

99. 拍卖的启动 ……………………………………………（76）
　99-1 启动拍卖的期限 …………………………………（76）
　99-2 拍卖方式的选择 …………………………………（77）
100. 选择司法拍卖网络服务提供者 ……………………（77）
101. 制作文字说明、视频、照片等资料 ………………（77）
102. 确定保留价、竞价增价幅度、保证金数额 ………（78）
　102-1 合议庭确定原则 ………………………………（78）
　102-2 确定保留价 ……………………………………（78）
　　102-2-1 保留价确定的一般原则 …………………（78）
　　102-2-2 可能无益拍卖情形下保留价的确定 ……（78）
　102-3 确定竞价增价幅度 ……………………………（79）
　102-4 确定保证金数额 ………………………………（79）
103. 通知当事人、已知优先购买权人 …………………（79）
104. 制作、发布拍卖公告及相关提示 …………………（80）
　104-1 制作、发布拍卖公告 …………………………（80）
　　104-1-1 公告内容 …………………………………（80）
　　104-1-2 公告途径 …………………………………（80）
　　104-1-3 公告期限 …………………………………（80）
　104-2 信息公示 ………………………………………（80）

104-3 特别提示 …………………………………………（81）
　　104-4 瑕疵担保责任的免除 ……………………………（82）
105. 展示、接受咨询、引领查看 ……………………………（82）
106. 确定竞买人及优先购买权人 ……………………………（82）
　　106-1 确认保证金的交纳情况 …………………………（82）
　　106-2 确定竞买人资格 …………………………………（83）
　　106-3 确认优先购买权人 ………………………………（83）
　　　　106-3-1 必须经过确认原则 ……………………（83）
　　　　106-3-2 确认程序 ………………………………（83）
　　106-4 特定机构和人员竞买的禁止 ……………………（84）
107. 竞价、成交、流拍 ………………………………………（84）
108. 拍卖后保证金的处理 ……………………………………（84）
109. 悔拍的处理 ………………………………………………（85）
110. 流拍后的抵债 ……………………………………………（85）
　　110-1 抵债的允许 ………………………………………（85）
　　110-2 多个执行债权人申请抵债的处理 ………………（85）
　　110-3 差额补交 …………………………………………（86）
111. 再次拍卖 …………………………………………………（86）
　　111-1 确定降价幅度 ……………………………………（86）
　　111-2 制作、发布拍卖公告 ……………………………（86）
112. 再次流拍后抵债 …………………………………………（86）
113. 抵债不成的变卖 …………………………………………（87）
　　113-1 变卖的启动 ………………………………………（87）
　　113-2 确定网络司法变卖平台 …………………………（87）
　　113-3 确定变卖价、竞价增价幅度、保证金数额 ……（87）
　　113-4 确定变卖期 ………………………………………（88）
　　113-5 发布变卖公告 ……………………………………（88）
　　113-6 竞买人资格的取得 ………………………………（88）
　　113-7 变卖竞价 …………………………………………（88）

113－8 变卖悔拍的处理 …………………………………（89）
114. 变卖不成的处理 ………………………………………（89）
　　114－1 抵债 …………………………………………………（89）
　　114－2 强制管理 ……………………………………………（90）
　　114－3 重新启动（评估）拍卖程序 ………………………（90）
　　114－4 解除查封、发还财产 ………………………………（90）
115. 所有权转移及交付 ……………………………………（91）
　　115－1 制作、送达成交（抵债）裁定 ……………………（91）
　　115－2 交付财产 ……………………………………………（91）
　　115－3 过户登记 ……………………………………………（91）
116. 拍卖的暂缓、中止、停止、撤回、撤销 ……………（92）
　　116－1 拍卖的暂缓、中止 …………………………………（92）
　　116－2 拍卖的停止 …………………………………………（92）
　　116－3 拍卖的撤回 …………………………………………（93）
　　　　116－3－1 撤回拍卖的情形 ……………………………（93）
　　　　116－3－2 撤回的办理 …………………………………（93）
　　116－4 拍卖的撤销 …………………………………………（93）

五、直接变卖 ……………………………………………（94）
117. 直接变卖的情形 ………………………………………（94）
118. 确定变卖方式 …………………………………………（94）
119. 确定变卖价格 …………………………………………（94）
120. 变卖财产无人应买的处理 ……………………………（95）
　　120－1 降价变卖 ……………………………………………（95）
　　120－2 抵债 …………………………………………………（95）
　　120－3 解封、发还 …………………………………………（95）
121. 所有权转移及交付 ……………………………………（95）

六、合意抵债 ……………………………………………（96）
122. 合意抵债 ………………………………………………（96）

七、强制管理 ……………………………………………（96）
　　123. 强制管理 ………………………………………（96）

第六章　参与分配 ………………………………………（97）

　124. 参与分配程序的一般规定 …………………………（97）
　125. 普通债权人的申请参与分配 ………………………（97）
　　125－1 条件 ………………………………………（97）
　　125－2 参与分配申请书 …………………………（98）
　　125－3 提出申请 …………………………………（98）
　126. 优先受偿债权人申请参与分配 ……………………（98）
　　126－1 条件 ………………………………………（98）
　　126－2 参与分配申请书 …………………………（98）
　　126－3 提出申请 …………………………………（99）
　　126－4 通知参与分配 ……………………………（99）
　127. 参与分配申请的审查处理 …………………………（99）
　　127－1 审查处理 …………………………………（99）
　　127－2 普通债权人参与分配申请审查的重点 …（99）
　　127－3 优先权人参与分配申请的审查重点 ……（100）
　128. 参与分配执行中的受偿顺序 ………………………（100）
　129. 制作分配方案 ………………………………………（100）
　　129－1 制作程序 …………………………………（101）
　　129－2 应载明事项 ………………………………（101）
　130. 分配方案异议 ………………………………………（101）
　　130－1 异议的提出 ………………………………（101）
　　130－2 通知未提出异议的人 ……………………（102）
　　130－3 修正分配方案 ……………………………（102）
　　130－4 分配方案异议之诉 ………………………（102）
　131. 非参与分配中的案款分配 …………………………（103）
　　131－1 受偿顺序 …………………………………（103）

  131-2 分配方案及异议的处理 ………………………………… (103)

 132. 首先查封债权的清偿顺位及其份额预留 …………………… (103)

第七章　执行程序与破产程序的衔接 ……………………… (104)

 133. 执行案件移送破产审查的条件 ……………………………… (104)

 134. 执行案件移送破产审查的程序 ……………………………… (104)

  134-1 征询当事人意见 …………………………………………… (104)

  134-2 不同意移送的处理 ………………………………………… (105)

  134-3 同意移送的处理 …………………………………………… (105)

   134-3-1 作出移送决定 ………………………………………… (105)

   134-3-2 移送异地中级法院审查的特别要求 ……………… (105)

  134-4 送达 ………………………………………………………… (106)

  134-5 异议 ………………………………………………………… (106)

  134-6 材料的移送及其补正 ……………………………………… (106)

   134-6-1 应移送的材料范围 …………………………………… (106)

   134-6-2 移送材料的补正 ……………………………………… (107)

  134-7 拒绝接收移送材料的监督 ………………………………… (107)

 135. 移送后的中止执行 …………………………………………… (107)

 136. 受理破产后被执行人财产的移交 …………………………… (108)

  136-1 移交财产范围 ……………………………………………… (108)

  136-2 不予移交情形 ……………………………………………… (108)

 137. 终结执行 ……………………………………………………… (109)

 138. 受移送法院不予受理或驳回申请后的处理 ………………… (109)

  138-1 恢复执行 …………………………………………………… (109)

  138-2 清偿顺序 …………………………………………………… (109)

  138-3 重复移送的禁止 …………………………………………… (109)

 139. 虚假破产的监督 ……………………………………………… (110)

 140. 分配方案及其异议的参照适用 ……………………………… (110)

第八章　执行款的管理和发放 (111)

141. 收取执行款 (111)
141-1 被执行人直接支付 (111)
141-2 法院强制执行 (111)
141-3 收取现金和票据的特殊规定 (112)
141-3-1 原则上禁止直接收取 (112)
141-3-2 确有必要直接收取的程序 (112)

142. 一案一账号的要求 (112)

143. 执行款发放 (112)
143-1 核算、结算、通知领取 (112)
143-2 延缓发放 (113)
143-3 发放方式 (113)
143-4 发放对象 (113)
143-5 审批程序 (113)
143-5-1 填写审批表 (113)
143-5-2 提交审批 (114)
143-6 办理支付 (114)
143-6-1 直接转账 (114)
143-6-2 直接领取 (114)

144. 提存 (115)
144-1 适用情形 (115)
144-2 办理提存 (115)
144-3 提存费用负担 (115)

第九章　执行事项委托 (116)

145. 委托事项的范围 (116)

146. 准备委托材料 (116)
146-1 委托执行函 (116)

146-2 相关法律文书 …… (117)

147. 委托法院办理手续 …… (117)
  147-1 办案系统发起和办理 …… (117)
  147-2 确定受托法院 …… (117)
  147-3 确定办理期限 …… (117)
  147-4 录入、审批、推送 …… (118)

148. 受托法院核实、签收 …… (118)
  148-1 超出范围的处理 …… (118)
  148-2 文书的补齐 …… (118)

149. 办理委托事项 …… (119)

第十章 强制措施、间接执行措施和刑事处罚 …… (120)

150. 限制消费 …… (120)
  150-1 适用情形 …… (120)
    150-1-1 一般规定 …… (120)
    150-1-2 应当限制消费的情形 …… (120)
  150-2 限制消费令 …… (121)
  150-3 通知有关单位协助和在媒体发布公告 …… (121)
  150-4 消费的申请与批准 …… (121)
  150-5 违反限制消费令的制裁 …… (122)
    150-5-1 对被执行人的制裁 …… (122)
    150-5-2 对协助单位的制裁 …… (122)
  150-6 限制消费令的解除 …… (123)

151. 拘传 …… (123)
  151-1 适用情形 …… (123)
  151-2 拘传程序及注意事项 …… (123)
    151-2-1 拘传的审批 …… (123)
    151-2-2 制作拘传票并送达 …… (123)
    151-2-3 拘传后的调查询问 …… (124)

151-2-4 异地拘传 ……………………………………… (124)
　152. 罚款、拘留 ……………………………………………… (124)
　　151-1 适用情形 ………………………………………… (124)
　　　152-1-1 对诉讼参与人、其他人的罚款、拘留 ………… (124)
　　　152-1-2 对协助执行义务单位的罚款、拘留 …………… (125)
　　152-2 罚款、拘留决定的作出 ………………………… (125)
　　　152-2-1 审批程序 ……………………………………… (125)
　　　152-2-2 罚款金额、拘留期限 ………………………… (126)
　　　152-2-3 决定作出及救济 ……………………………… (126)
　　　152-2-4 罚款、拘留的单用和并用 …………………… (126)
　　　152-2-5 连续罚款、拘留的禁止 ……………………… (127)
　　　152-2-6 再次罚款、拘留的情形 ……………………… (127)
　　152-3 拘留的实施 ……………………………………… (127)
　　　152-3-1 送拘 …………………………………………… (127)
　　　152-3-2 通知家属 ……………………………………… (128)
　　　152-3-3 提前解除拘留 ………………………………… (128)
　　　152-3-4 异地协助拘留 ………………………………… (128)
　　152-4 对特殊主体的拘留 ……………………………… (128)
　　　152-4-1 对人大代表的拘留 …………………………… (128)
　　　152-4-2 对政协委员的拘留 …………………………… (129)
　　　152-4-3 对外国人的拘留 ……………………………… (129)
　153. 限制出境与扣留护照 ………………………………… (129)
　　153-1 限制出境的适用情形 …………………………… (129)
　　153-2 作出限制出境决定 ……………………………… (130)
　　153-3 通知公安机关限制出境 ………………………… (130)
　　153-4 限制出境的解除 ………………………………… (130)
　　153-5 扣留护照 ………………………………………… (131)
　　153-6 对外国人限制出境的报备程序 ………………… (131)
　154. 信用惩戒 ………………………………………………… (131)

154-1 适用情形 …………………………………………（131）
　　　　154-1-1 应纳入失信名单的情形 ……………………（131）
　　　　154-1-2 不得纳入失信名单的情形 ………………（132）
　　　　154-1-3 未成年人纳入失信名单的禁止 …………（132）
　　154-2 纳入失信名单的期限 …………………………（132）
　　154-3 决定纳入失信名单的程序 ……………………（133）
　　154-4 失信名单的公布 ………………………………（133）
　　　　154-4-1 通过失信被执行人名单库公布 …………（133）
　　　　154-4-2 通过媒体公布 ……………………………（134）
　　　　154-4-3 特殊主体的通报 …………………………（134）
　　154-5 失信信息的撤销与更正 ………………………（134）
　　　　154-5-1 失信信息的撤销 …………………………（134）
　　　　154-5-2 失信信息的更正 …………………………（134）
　　154-6 失信信息的删除 ………………………………（135）
　　　　154-6-1 应当删除的情形 …………………………（135）
　　　　154-6-2 删除后的重新纳入 ………………………（136）
　　154-7 纳入失信名单的救济 …………………………（136）
　　　　154-7-1 申请救济的情形 …………………………（136）
　　　　154-7-2 救济申请的审查 …………………………（136）

155. 刑事制裁 ………………………………………（137）

　　155-1 移送侦查 ………………………………………（137）
　　155-2 先予拘留 ………………………………………（137）
　　155-3 检察监督 ………………………………………（137）
　　155-4 拒执罪的自诉 …………………………………（138）
　　　　155-4-1 可以提起自诉的情形 ……………………（138）
　　　　155-4-2 "不予追究刑事责任"情形的认定 ………（138）

第十一章　执行流程中的特殊事项 ……………………（139）

156. 当事人的变更、追加 …………………………………（139）

156-1 变更、追加的法定原则 …………………………… (139)
156-2 变更、追加的申请与审查 …………………………… (139)
156-3 变更、追加期间的财产保全 ………………………… (140)
156-4 复议和诉讼期间的执行 ……………………………… (140)
157. 执行和解 ………………………………………………………… (140)
157-1 执行和解的内容 ……………………………………… (140)
157-2 执行和解的形式 ……………………………………… (141)
157-3 达成执行和解后的处理 ……………………………… (141)
157-4 执行和解后的恢复执行 ……………………………… (142)
157-4-1 申请恢复执行的处理 …………………………… (142)
157-4-2 申请恢复执行的期间 …………………………… (142)
157-4-3 执行和解后的不予恢复执行 …………………… (142)
158. 执行担保 ………………………………………………………… (143)
158-1 执行担保的要件 ……………………………………… (143)
158-2 执行担保的方式 ……………………………………… (143)
158-3 执行担保的办理 ……………………………………… (143)
158-4 执行担保后的暂缓执行期限 ………………………… (144)
158-5 执行担保的效力 ……………………………………… (144)
159. 暂缓执行 ………………………………………………………… (144)
160. 中止执行 ………………………………………………………… (145)
160-1 中止执行的情形 ……………………………………… (145)
160-1-1 裁定中止执行的情形 …………………………… (145)
160-1-2 根据审判机构裁定中止执行的情形 …………… (146)
160-1-3 根据执行审查机构的裁定对执行标的中止执行的情形 …………………………………………… (146)
160-1-4 不得作结案处理 ………………………………… (146)
160-2 中止执行裁定 ………………………………………… (147)
160-3 中止执行后的恢复执行 ……………………………… (147)
160-4 中止执行后执行依据被维持、撤销、变更的处理 … (147)

160-5 中止执行期间的事项处理 ………………………………（148）
　　　　160-5-1 续行查封、扣押、冻结 ………………………（148）
　　　　160-5-2 异议的处理 …………………………………（148）
　　　　160-5-3 变更、追加当事人的处理 …………………（148）
　161. 执行异议、复议与执行异议之诉 ………………………（149）
　　160-1 管辖异议审查期间的执行 …………………………（149）
　　161-2 执行行为异议审查期间的执行 ……………………（149）
　　161-3 案外人异议审查期间中的执行 ……………………（149）
　　161-4 案外人异议审查后的执行 …………………………（150）
　　161-5 案外人异议之诉审理期间的执行 …………………（150）
　　161-6 案外人异议之诉审理后的执行 ……………………（151）
　162. 执行回转 ……………………………………………………（151）
　　162-1 执行回转的情形 ……………………………………（151）
　　162-2 执行回转的程序 ……………………………………（152）

第十二章　执行期限 ………………………………………（153）

　163. 期限规定 ……………………………………………………（153）
　164. 期限的延长 …………………………………………………（153）
　165. 期限的扣除 …………………………………………………（153）

第十三章　终结本次执行程序 ……………………………（155）

　166. 终结本次执行程序的条件 …………………………………（155）
　167. "责令被执行人报告财产"应完成事项 …………………（155）
　168. "穷尽财产调查措施"应完成事项 ………………………（156）
　169. "发现的财产不能处置"情形 ……………………………（156）
　170. 终结本次执行程序的流程 …………………………………（157）
　　170-1 终本约谈 ……………………………………………（157）
　　170-2 审批要求 ……………………………………………（157）
　　　　170-2-1 经申请执行人同意 ……………………………（157）

  170-2-2 未经申请执行人同意 ·················· (157)

  170-3 制作裁定并上网公开 ······················ (158)

  170-4 送达裁定与结案 ·························· (158)

  170-5 录入终结本次执行程序信息库并公开信息 ········· (158)

    170-5-1 录入终本信息库 ····················· (158)

    170-5-2 错误信息的更正 ····················· (159)

  170-6 符合条件的移送破产 ······················ (159)

 171. 终结本次执行程序后的查控与恢复执行 ············ (159)

  171-1 定期查询 ································ (159)

  171-2 发现财产的恢复执行 ····················· (159)

  171-3 发现财产的立即控制 ····················· (160)

 172. 终结本次执行程序后的特殊事项处理 ·············· (160)

  172-1 续行查封、扣押、冻结 ··················· (160)

  172-2 变更、追加当事人 ······················· (160)

  172-3 强制措施的采取 ·························· (161)

  172-4 执行异议的处理 ·························· (161)

 173. 终本信息的屏蔽 ······························· (161)

第十四章 执行结案 ·································· (162)

 174. 结案方式 ····································· (162)

 175. 执行完毕 ····································· (162)

  175-1 执行完毕的情形 ·························· (162)

  175-2 执行完毕的结案程序 ····················· (163)

 176. 不予执行 ····································· (163)

 177. 驳回申请 ····································· (163)

 178. 销案 ··· (164)

 179. 终结执行 ····································· (164)

  179-1 终结执行的情形 ·························· (164)

  179-2 终结执行裁定 ···························· (165)

179-3 终结执行后的再次申请执行 ……………………… (166)
 179-3-1 再次申请执行的一般规定 ………………… (166)
 179-3-2 撤回申请终结执行的再次申请执行 ……… (166)
180. 终结本次执行程序 …………………………………… (166)

第二编 非金钱给付请求权的执行

第十五章 物的交付请求权的执行 ……………………… (169)

181. 通知交付 ……………………………………………… (169)
182. 采取执行措施 ………………………………………… (169)
一、不动产的交付 …………………………………………… (169)
183. 签发公告 ……………………………………………… (169)
184. 通知相关人员到场 …………………………………… (170)
185. 强制迁出 ……………………………………………… (170)
 185-1 被执行人占有的处理 ………………………… (170)
 185-2 案外人占有的处理 …………………………… (171)
 185-3 迁出财产清单 ………………………………… (171)
 185-4 强制迁出需注意的事项 ……………………… (171)
186. 交付权利人 …………………………………………… (172)
二、动产或者票证的交付 …………………………………… (172)
187. 被执行人占有动产或票证的交付 …………………… (172)
 187-1 强制执行 ……………………………………… (172)
 187-2 交付程序 ……………………………………… (172)
  187-2-1 直接交付 ………………………………… (172)
  187-2-2 法院转交 ………………………………… (173)
188. 他人持有动产或票证时的交付 ……………………… (173)
 188-1 通知协助执行 ………………………………… (173)
 188-2 强制执行 ……………………………………… (174)

188-3 票证毁损灭失的处理 ………………………………… (174)
188-4 他人主张合法持有的处理 …………………………… (174)
三、特殊情形的处理 ………………………………………… (174)
189. 特定物毁损、灭失的处理 …………………………… (174)
190. 执行程序终结后对已执行标的妨害行为的处理 ………… (175)

第十六章 行为请求权的执行 …………………………………… (176)

191. 通知执行 ……………………………………………… (176)
192. 采取执行措施 ………………………………………… (176)
193. 可替代行为的执行 …………………………………… (176)
193-1 确定代履行人 ……………………………………… (176)
193-2 代履行费用 ………………………………………… (177)
194. 不可替代行为的执行 ………………………………… (177)
195. 不作为的执行 ………………………………………… (177)
196. 执行程序终结后对已执行标的妨害行为的处理 ………… (178)

第三编 附 则

197. 执行记录 ……………………………………………… (181)
198. 信息录入 ……………………………………………… (181)
199. 执行公开 ……………………………………………… (181)
200. 参照适用 ……………………………………………… (181)

后 记 ……………………………………………………………… (182)

第一编　金钱给付请求权的执行

第一章 执行立案

1. 申请执行

生效法律文书的执行，一般应当由当事人向人民法院提出申请。[①]

2. 申请执行材料的接收

2-1 接收材料

当事人申请执行，应当提交申请执行书、生效法律文书副本、申请执行人身份证明等法律规定应当提交的证件和文件，并填写送达地址确认书。[②] 对当事人的申请执行材料，立案部门应当一律接收。但内容相同的重复材料，法律法规、司法解释复印件，与案件无关的其他材料可不予接收，直接退回递交人。

立案部门工作人员接收申请执行材料时，应注意逐一点收。

[①] 参见《中华人民共和国民事诉讼法》（2017年6月27日第三次修正）第二百三十六条，《人民法院办理执行案件规范》第17条。

[②] 参见《最高人民法院关于人民法院执行工作若干问题的规定（试行）》（法释〔1998〕15号）第20条、第22条，《最高人民法院关于人民法院登记立案若干问题的规定》（法释〔2015〕8号）第六条、第十八条，《最高人民法院关于适用〈中华人民共和国民事诉讼法〉执行程序若干问题的解释》（法释〔2008〕13号）第一条，《人民法院办理执行案件规范》第31条、第32条。

接收材料后,应向当事人出具书面凭证并注明收到日期,同时在接收的材料上加盖收文日期章,并注明收到时间。对于笔误等当场可以更正的错误,可让递交人当场更正,并在更正之处签名或者捺印。

2-2 材料错漏的处理

立案部门经审查发现当事人提交的申请材料不符合要求,且不能当场补正的,应一次性书面告知当事人在指定期限内予以补正。当事人也可将材料全部撤回并补正后,重新提出强制执行申请。当事人在指定期限内未补正的,退回材料,并记录在册;坚持提出申请的,裁定不予受理。经补正仍不符合要求的,裁定不予受理。①

2-3 确认送达地址的处理

立案部门应当在登记立案时要求当事人确认送达地址。当事人拒绝确认送达地址的,退回材料,并记录在册;坚持提出申请的,裁定不予受理。②

当事人同意电子送达的,应当在送达地址确认书中予以确认。

3. 立案审查

3-1 审查内容

当事人申请执行应当符合下列条件:

---

① 参见《最高人民法院关于人民法院登记立案若干问题的规定》(法释〔2015〕8号)第七条、第十八条,《人民法院办理执行案件规范》第35条。
② 参见《最高人民法院关于进一步加强民事送达工作的若干意见》(法发〔2017〕19号)第五条。

（一）申请执行的法律文书已经生效且该文书确定的履行义务所附的条件已经成就或者所附的期限已经届满；

（二）申请执行人是生效法律文书确定的权利人或其继承人、权利承受人；

（三）申请执行的法律文书权利义务主体明确；

（四）申请执行的法律文书具有给付内容且给付内容具体、明确；

（五）生效法律文书确定的义务未履行或未全部履行；

（六）属于受申请执行的人民法院管辖。

前款第（二）项规定的"权利承受人"，在法律文书生效后进入执行程序前合法承受权利的，权利承受人可直接申请执行，无需作出变更申请执行人的裁定。

法律文书确定继续履行合同的，应当明确继续履行的具体内容。①

3-2 决定是否立案

可以当场判定是否立案的，立案部门应当场予以登记立案。不能当场判定是否立案的，立案部门应在收到材料后七日内决定是否立案。申请执行材料不符合要求需要补正的，决定应否立案的期间自收到补正材料之日起计算。②

---

① 参见《最高人民法院关于人民法院执行工作若干问题的规定（试行）》（法释〔1998〕15号）第18条，《最高人民法院关于适用〈中华人民共和国民事诉讼法〉的解释》（法释〔2015〕5号）第四百六十三条，《人民法院办理执行案件规范》第33条。

② 参见《最高人民法院关于人民法院登记立案若干问题的规定》（法释〔2015〕8号）第二条、第七条、第八条、第十八条，《最高人民法院关于人民法院推行立案登记制改革的意见》（法发〔2015〕6号）第三条。

3-3 立案及相应处理

申请执行材料经审查符合法律规定的立案条件的，立案部门应决定立案，并完成相关信息采集、文书的送达、录入系统及卷宗移送工作。

3-3-1 收集信息

（一）要求申请执行人填写、提交财产调查表，记录其提供的被执行人的财产线索。财产线索应当具体明确。

（二）要求申请执行人提供执行款收款账号、选择司法拍卖网络服务提供者等应完成的事项。

（三）记录其他需要申请执行人提交或者确认的信息。

3-3-2 送达文书

向申请执行人送达案件受理通知书、权利义务告知书、廉政监督卡等于立案时应送达申请执行人的书面材料。

3-3-3 录入系统

将无法通过计算机系统自动采集的立案信息，按要求手动录入执行案件流程信息管理系统。立案部门在系统中录入的立案信息与卷宗材料应当一致，特别是当事人身份信息、执行依据、执行标的等案件基本信息的录入应准确无误。其他需要及时录入执行案件流程信息管理系统的信息，应一并予以录入。

3-3-4 整理移交案卷

将案件材料按照规范要求整理成卷，并在立案之日起两个工作日内移交执行实施机构。同时，在执行案件流程信息管理系统中进行相应移转操作。执行实施机构收案人员接收案卷时应逐件查点，发现存在材料欠缺、编号错误、分案错误等情形的，应退回立案部门补正。

3-4 不立案及相应处理

申请执行材料经审查不符合法律规定的立案条件的，立案部门应当作出不予受理的裁定。当场决定不予立案的，裁定不予受理前应当先予以释明。当事人经释明后，坚持提出申请的，裁定不予受理。裁定应当载明不予受理的理由，并在裁定中告知不服裁定的救济程序。①

4. 非当事人申请启动的执行案件立案

4-1 审判部门移送执行

4-1-1 适用情形

民事制裁决定、生效法律文书确定的诉讼费用部分的执行、刑事裁判涉财产部分的执行，以及财产保全、证据保全、先予执行裁定的执行，由作出该文书的立案、审判部门移送立案执行。②

当事人申请承认和执行外国法院作出的发生法律效力的判决、裁定或者外国仲裁裁决，审判部门裁定予以承认和执行的，由审判部门直接移送立案执行。③

4-1-2 移送要求

审判部门移送执行时应填写移送执行书，明确需要执行的事项和应注意的问题，连同生效的法律文书及其附件和其他相关材料一并移送立案部门。

---

① 参见《最高人民法院关于人民法院登记立案若干问题的规定》（法释〔2015〕8号）第二条、第九条、第十八条，《人民法院办理执行案件规范》第34条、第36条。
② 参见《最高人民法院关于人民法院执行工作若干问题的规定（试行）》（法释〔1998〕15号）第19条第2款，《人民法院办理执行案件规范》第21条。
③ 参见《最高人民法院关于执行权合理配置和科学运行的若干意见》（法发〔2011〕15号）第19条。

移送执行书应当载明下列内容:

(一) 当事人的基本信息;

(二) 已查明的财产状况或者财产线索;

(三) 已保全的财产情况;

(四) 刑事裁判涉财产部分移送执行时部分财产已经处置的,该部分财产的处置情况;

(五) 移送执行的时间;

(六) 其他需要说明的情况。

立案部门签收材料时应逐一点收。发现移送材料不符合要求的,应退回移送部门补正或者当场补正后再予立案。①

4-1-3 审查立案

立案部门应当在七日内决定是否立案。经审查认为符合法律规定的立案条件的,予以立案。不符合立案条件的,不予立案,并将材料退回移送部门,说明理由。

4-2 指定执行、提级执行

对指定执行、提级执行的案件,立案部门应予立案。②

4-3 其他法院移送执行

其他法院认为其对案件无管辖权而将案件移送本院执行的,立案部门经审查,属于本院管辖的,应予立案。不属于本院管辖的,应当报请上级法院指定管辖,不得再自行移送。③

---

① 参见《最高人民法院关于刑事裁判涉财产部分执行的若干规定》(法释〔2014〕13号)第七条,《人民法院办理执行案件规范》第21、第723条。

② 参见《最高人民法院关于高级人民法院统一管理执行工作若干问题的规定》(法发〔2000〕3号)第八条、第九条,《人民法院办理执行案件规范》第7条。

③ 参见《中华人民共和国民事诉讼法》(2017年6月27日第三次修正)第三十六条,《人民法院办理执行案件规范》第10条。

第二章 执行前的准备

5. 阅卷及案件信息的核对

5-1 阅卷

收到执行卷宗后,承办人应先行阅卷,根据案件需要联系申请执行人,了解案情。

5-2 卷宗材料遗漏、错误的处理

发现卷宗材料有遗漏、错误的,应当及时通知立案部门或者申请执行人补齐、补正。

5-3 系统信息错录、漏录的处理

发现执行案件信息管理系统中的立案信息与卷宗材料不一致的,应当及时予以纠正。对立案部门遗漏录入的案件信息,应一并予以录入。

6. 发现应回避情形的处理

发现存在应当回避情形的,应自行回避,报请更换承办人,并重新分案。

执行中,承办人以外其他参与执行的执行人员发现存在应当

回避情形的，依照前款规定处理。①

7. 无管辖权的处理

7-1 一般原则

发现本院无管辖权的，应撤销案件，并告知申请执行人向有管辖权的法院申请执行。执行案件以"销案"的方式结案，保留案号及案卷材料。②

7-2 已控制财产的特殊处理

发现无管辖权，但已经控制财产的，经征询申请执行人意见，可以将案件移送有管辖权的人民法院执行，并撤销案件，以"销案"的方式结案。受移送的人民法院应当受理。受移送人民法院认为不属于本院管辖的，应当报请上级法院指定管辖，不得再自行移送。

移送执行时，已经控制财产的查封、扣押、冻结措施的有效期限不足一个月的，移送前应先行办理续行查封、扣押、冻结手续。移送法院已经采取的执行措施，视为受移送法院采取的执行措施。

不同法院就执行管辖权发生争议时，应逐级协商解决。协商

---

① 参见《中华人民共和国民事诉讼法》（2017年6月27日第三次修正）第四十四条、第四十五条，《最高人民法院关于适用〈中华人民共和国民事诉讼法〉的解释》（法释〔2015〕5号）第四十三条、第四十六条、第四十七条、第四十九条。

② 参见《最高人民法院关于适用〈中华人民共和国民事诉讼法〉执行程序若干问题的解释》（法释〔2008〕13号）第三条第二款，《最高人民法院关于执行案件立案、结案若干问题的意见》（法发〔2014〕26号）第十八条第（一）项，《人民法院办理执行案件规范》第10条。

不成的，报请共同的上级法院指定管辖。①

8. 不符合受理条件的处理

8-1 当事人申请的情形

当事人申请执行的案件，发现不符合法律规定的受理条件的，裁定驳回执行申请。

裁定应以书面形式作出，并送达申请执行人。裁定中应告知申请执行人如不服裁定可自裁定送达之日起十日内向上一级人民法院申请复议。

申请执行人逾期未提出复议申请或者上一级人民法院复议后维持原裁定的，以"驳回申请"方式结案。②

8-2 移送的情形

审判部门移送执行的案件，发现不符合法律规定的受理条件的，裁定终结执行，以"终结执行"方式结案。

9. 发出执行通知

9-1 发出

不存在本指引第7条、第8条规定情形的，执行法院应在收

---

① 参见《中华人民共和国民事诉讼法》（2017年6月27日第三次修正）第三十六条，《最高人民法院关于执行案件立案、结案若干问题的意见》（法发〔2014〕26号）第十八条，《人民法院办理执行案件规范》第10条。

② 参见《最高人民法院关于执行案件立案、结案若干问题的意见》（法发〔2014〕26号）第二十条，《人民法院办理执行案件规范》第320条。

到申请执行书或移送执行书后十日内,向被执行人发出执行通知。①

9-2 注意事项

(一)执行法院可以根据需要立即采取强制执行措施,不以发出执行通知为前提。②

(二)需要被执行人报告财产的,发出执行通知时应一并向其发出报告财产令。③

(三)需要限制消费的,发出执行通知时可一并向其发出限制消费令。

---

① 参见《最高人民法院关于适用〈中华人民共和国民事诉讼法〉的解释》(法释〔2015〕5号)第四百八十二条第一款,《人民法院办理执行案件规范》第321条第1款。

② 参见《中华人民共和国民事诉讼法》(2017年6月27日第三次修正)第二百四十条,《人民法院办理执行案件规范》第321条第1款。

③ 参见《最高人民法院关于民事执行中财产调查若干问题的规定》(法释〔2017〕8号)第三条第二款,《人民法院办理执行案件规范》第324条第2款。

第三章　财产调查

10. 核实财产线索

对申请执行人提供的明确具体的财产线索,执行法院应当在七日内调查核实。情况紧急的,应当在三日内调查核实。经查确实的,应及时采取相应的执行措施。①

11. 责令被执行人报告财产

11-1 发出报告财产令

执行法院依申请执行人申请或依职权责令被执行人报告财产的,应当向其发出报告财产令。金钱债权执行中,报告财产令应当与执行通知同时发出。

执行法院根据案件需要再次责令被执行人报告财产情况的,应当重新向其发出报告财产令。②

---

①　参见《最高人民法院关于民事执行中财产调查若干问题的规定》（法释〔2017〕8号）第二条第一款,《人民法院办理执行案件规范》第323条第1款。
②　参见《最高人民法院关于民事执行中财产调查若干问题的规定》（法释〔2017〕8号）第三条,《人民法院办理执行案件规范》第324条。

11-2 核实财产报告

对被执行人报告的财产情况,执行法院应结合网络查控的反馈结果及时调查核实,必要时可以组织当事人进行听证。① 经核实,发现有可供执行财产的,应当及时采取相应的执行措施。

11-3 不履行报告财产义务的处理

被执行人拒绝报告、虚假报告或无正当理由逾期报告财产情况的,执行法院可以根据情节轻重对被执行人或者其法定代理人予以罚款、拘留;构成犯罪的,依法追究刑事责任。

作为被执行人的单位拒绝报告、虚假报告或无正当理由逾期报告财产情况的,可以同时对其主要负责人或者直接责任人员予以罚款、拘留;构成犯罪的,依法追究刑事责任。②

被执行人有上述情形的,执行法院应当将其纳入失信被执行人名单,依法对其进行信用惩戒。③

11-4 记录

执行人员应将财产报告、核实及处罚等情况记录入卷。④

11-5 报告财产程序的终结

有下列情形之一的,财产报告程序终结:

---

① 参见《最高人民法院关于民事执行中财产调查若干问题的规定》(法释〔2017〕8号)第八条第一款,《人民法院办理执行案件规范》第329条第1款。
② 参见《最高人民法院关于民事执行中财产调查若干问题的规定》(法释〔2017〕8号)第九条,《人民法院办理执行案件规范》第330条。
③ 参见《最高人民法院关于民事执行中财产调查若干问题的规定》(法释〔2017〕8号)第十条,《人民法院办理执行案件规范》第331条。
④ 参见《最高人民法院关于严格规范终结本次执行程序的规定(试行)》(法〔2016〕373号)第二条第二款,《人民法院办理执行案件规范》第330条第3款。

(一) 被执行人履行完毕法律文书确定义务的；

(二) 执行法院裁定终结执行的；

(三) 执行法院裁定不予执行的；

(四) 执行法院认为财产报告程序应当终结的其他情形。

发出报告财产令后，执行法院裁定终结本次执行程序的，被执行人财产情况发生变动，影响申请执行人债权实现的，应当自财产变动之日起十日内向执行法院补充报告。①

12. 网络调查

执行法院应当及时通过执行网络查控系统对被执行人的身份信息及其存款、车辆、不动产、有价证券等财产信息发起查询，并注意随时关注系统的反馈结果。协助执行单位反馈的电子查询结果与纸质反馈结果具有同等效力。② 经查询发现有可供执行财产的，应当及时采取相应执行措施。

13. 现场调查

13-1 适用情形

对被执行人的身份信息与财产信息，执行法院可以根据办案需要在被执行人住所地或者可能隐匿、转移财产所在地进行必要调查，也可以向掌握相关信息的单位或个人进行调查。③

通过网络执行查控系统未查询到被执行人财产信息的，应当

---

① 参见《最高人民法院关于民事执行中财产调查若干问题的规定》（法释〔2017〕8号）第十一条，《人民法院办理执行案件规范》第332条。

② 参见《最高人民法院关于民事执行中财产调查若干问题的规定》（法释〔2017〕8号）第十三条，《人民法院办理执行案件规范》第334条。

③ 参见《最高人民法院关于民事执行中财产调查若干问题的规定》（法释〔2017〕8号）第十二条，《人民法院办理执行案件规范》第333条。

在被执行人住所地或者可能隐匿、转移财产所在地进行必要调查。①

13-2 采取执行措施

经调查，发现有可供执行财产的，执行法院应及时采取相应的执行措施。

13-3 不予协助的处理

有义务协助调查的单位、个人不予协助调查的，可视情采取罚款、拘留等措施。

13-4 注意事项

执行人员进行现场调查时，应当注意下列事项：

（一）规范着装并按要求出示证件，需要送达相应法律文书的应当按规定送达，需要制作调查笔录的应按规定制作笔录；

（二）注意反馈结果的规范性、准确性、全面性，以便后续执行措施的顺利推进；

（三）防范协助义务人向被执行人通风报信，协助被执行人转移财产。协助义务人拒不履行协助义务的，要及时收集固定相关证据。

14. 现场搜查

14-1 适用情形

被执行人隐匿财产、会计账簿等资料拒不交出的，执行法院可以依法采取搜查措施。依法搜查时，对可能隐匿财产或者资料

---

① 参见《最高人民法院关于严格规范终结本次执行程序的规定（试行）》（法〔2016〕373号）第三条第（三）项。

的处所、箱柜等,经责令被执行人开启而拒不配合的,可以强制开启。①

14-2 签发搜查令

采取搜查措施应当由院长签发搜查令。②

14-3 通知相关人员到场

搜查对象是自然人的,应当通知被执行人或他的成年家属或基层组织派员到场。搜查对象是法人或者其他组织的,应当通知法定代表人或者主要负责人到场。无法通知或者拒不到场的,不影响搜查。但应在笔录中记明。③

14-4 进行搜查

搜查时,搜查人员应当按规定着装并出示搜查令和工作证件。④

搜查应制作搜查笔录,由搜查人员、被搜查人及其他在场人签名、捺印或者盖章。拒绝签名、捺印或者盖章的,应当记入笔录。⑤

---

① 参见《最高人民法院关于民事执行中财产调查若干问题的规定》(法释〔2017〕8号)第十四条,《人民法院办理执行案件规范》第335条。
② 参见《中华人民共和国民事诉讼法》(2017年6月27日第三次修正)第二百四十八条,《人民法院办理执行案件规范》第336条第1款。
③ 参见《最高人民法院关于适用〈中华人民共和国民事诉讼法〉的解释》(法释〔2015〕5号)第四百九十八条第一款,《人民法院办理执行案件规范》第336条第3款。
④ 参见《最高人民法院关于适用〈中华人民共和国民事诉讼法〉的解释》(法释〔2015〕5号)第四百九十七条,《人民法院办理执行案件规范》第336条第2款。
⑤ 参见《最高人民法院关于适用〈中华人民共和国民事诉讼法〉的解释》(法释〔2015〕5号)第五百条,《人民法院办理执行案件规范》第338条。

搜查妇女身体的,应当由女执行人员进行。①

搜查时禁止无关人员进入搜查现场。搜查过程应当全程录音录像。②

14-5 发现财产予以查控

经搜查发现有财产或会计账簿等资料,应当依法采取查封、扣押措施的,应立即采取相应执行措施。③

搜查中发现应当依法采取查封、扣押措施的财产,应当立即采取措施,依照本指引第36条、第37条规定办理。

15. 传唤、拘传

15-1 传唤

执行法院为查明被执行人的财产情况和履行义务的能力,可以传唤被执行人或者被执行人的法定代表人、负责人、实际控制人、直接责任人员到人民法院接受调查询问。④

15-2 拘传

对必须接受调查询问的被执行人、被执行人的法定代表人、负责人或者实际控制人,经依法传唤无正当理由拒不到场的,可以拘传其到场;上述人员下落不明的,可以依照相关规定通知有

---

① 参见《最高人民法院关于适用〈中华人民共和国民事诉讼法〉的解释》(法释〔2015〕5号)第四百九十八条第二款,《人民法院办理执行案件规范》第336条第4款。

② 参见《人民法院办理执行案件规范》第256条。

③ 参见《最高人民法院关于适用〈中华人民共和国民事诉讼法〉的解释》(法释〔2015〕5号)第四百九十九条,《人民法院办理执行案件规范》第337条。

④ 参见《最高人民法院关于民事执行中财产调查若干问题的规定》(法释〔2017〕8号)第十五条第一款,《人民法院办理执行案件规范》第339条第1款。

关单位协助查找。①

采取拘传措施的，依照本指引第 151 条规定办理。

16. 协助查找特定财产

对已经办理登记查封手续但未能实际扣押机动车、船舶、航空器等特定动产，执行法院可以依照相关规定通知有关单位协助查找。②

17. 审计调查

17-1 决定审计

作为被执行人的法人或者其他组织不履行生效法律文书确定的义务，申请执行人认为其有拒绝报告、虚假报告财产情况，隐匿、转移财产等逃避债务情形或者其股东、出资人有出资不实、抽逃出资等情形的，可以书面申请人民法院委托审计机构对该被执行人进行审计。执行法院应在收到书面申请之日起十日内作出是否准许的决定。③

17-2 确定审计机构

决定审计的，应当随机确定具备资格的审计机构。④

---

① 参见《最高人民法院关于民事执行中财产调查若干问题的规定》（法释〔2017〕8 号）第十五条第二款，《人民法院办理执行案件规范》第 339 条第 2 款。

② 参见《最高人民法院关于民事执行中财产调查若干问题的规定》（法释〔2017〕8 号）第十六条，《人民法院办理执行案件规范》第 340 条。

③ 参见《最高人民法院关于民事执行中财产调查若干问题的规定》（法释〔2017〕8 号）第十七条，《人民法院办理执行案件规范》第 341 条。

④ 参见《最高人民法院关于民事执行中财产调查若干问题的规定》（法释〔2017〕8 号）第十八条第一款，《人民法院办理执行案件规范》第 342 条第 1 款。

17-3 收集审计资料

执行法院责令被执行人提交会计凭证、会计账簿、财务会计报告等与审计事项有关的资料。被执行人隐匿审计资料的，可以依法采取搜查措施。①

对拒不提供、转移、隐匿、伪造、篡改、毁弃审计资料，阻挠审计人员查看业务现场或者有其他妨碍审计调查的行为，可以根据情节轻重对被执行人或者其主要负责人、直接责任人员罚款、拘留；构成犯罪的，依法追究刑事责任。②

17-4 审计费用的负担

审计费用由申请审计的申请执行人预交。

被执行人存在拒绝报告或虚假报告，隐匿财产或者其他逃避债务的情形的，审计费用由被执行人承担。未发现存在上述情形的，由申请执行人承担。③

18. 公告悬赏

18-1 决定悬赏

被执行人不履行生效法律文书确定的义务，申请执行人向执行法院书面申请发布悬赏公告查找可供执行的财产的，执行法院

---

① 参见《最高人民法院关于民事执行中财产调查若干问题的规定》（法释〔2017〕8号）第十八条，《人民法院办理执行案件规范》第342条。

② 参见《最高人民法院关于民事执行中财产调查若干问题的规定》（法释〔2017〕8号）第十九条，《人民法院办理执行案件规范》第343条。

③ 参见《最高人民法院关于民事执行中财产调查若干问题的规定》（法释〔2017〕8号）第二十条，《人民法院办理执行案件规范》第344条。

应在收到书面申请之日起十日内决定是否准许。①

18-2 发布悬赏公告

决定悬赏的，应当制作悬赏公告，并在全国法院执行悬赏公告平台、法院微博或微信等媒体平台发布，也可以在执行法院公告栏或者被执行人的住所地、经常居住地等处张贴。申请执行人申请在其他媒体平台发布并自愿承担发布费用的，应当准许。②

18-3 登记财产线索

悬赏公告发布后，有关人员向人民法院提供财产线索的，执行法院应当对有关人员的身份信息和财产线索进行登记。两人以上提供相同财产线索的，应当按照提供线索的先后顺序登记。

对有关人员的身份信息和财产线索应当保密，但为发放悬赏金需要告知申请执行人的除外。③

18-4 发放悬赏金

有关人员提供人民法院尚未掌握的财产线索，使申请发布悬赏公告的申请执行人的债权得以全部或部分实现的，执行法院应当按照悬赏公告发放悬赏金。悬赏金从申请发布悬赏公告的申请执行人应得的执行款中扣减。无法扣减的，应由其另行支付。

有关人员为申请执行人的代理人、有义务向人民法院提供财产

---

① 参见《最高人民法院关于民事执行中财产调查若干问题的规定》（法释〔2017〕8号）第二十一条，《人民法院办理执行案件规范》第345条。
② 参见《最高人民法院关于民事执行中财产调查若干问题的规定》（法释〔2017〕8号）第二十二条，《人民法院办理执行案件规范》第346条。
③ 参见《最高人民法院关于民事执行中财产调查若干问题的规定》（法释〔2017〕8号）第二十三条，《人民法院办理执行案件规范》第347条。

线索的人员或者存在其他不应当发放悬赏金情形的，不予发放。①

19. 财产调查中的注意事项

19-1 委托调查

被执行人住所地或者财产在外地的，执行法院进行财产调查时，可以向财产所在地法院发起委托调查的事项委托请求，由受托法院依法协助办理。事项委托依照本指引第 145 条至第 149 条规定办理。

19-2 相关性原则与保密义务

执行人员不得调查与执行案件无关的信息，对调查中知悉的国家秘密、商业秘密和个人隐私应当保密。②

19-3 资料的提取、留存

执行法院对调查所需资料可以复制、打印、抄录、拍照或以其他方式进行提取、留存，协助执行义务人应予协助。③

19-4 调查结果的告知

申请执行人申请查询执行法院调查的财产信息的，执行法院可根据案件需要决定是否准许。申请执行人及其代理人对查询过

---

① 参见《最高人民法院关于民事执行中财产调查若干问题的规定》（法释〔2017〕8 号）第二十四条，《人民法院办理执行案件规范》第 348 条。
② 参见《最高人民法院关于民事执行中财产调查若干问题的规定》（法释〔2017〕8 号）第二十五条，《人民法院办理执行案件规范》第 349 条。
③ 参见《最高人民法院关于民事执行中财产调查若干问题的规定》（法释〔2017〕8 号）第十二条第二款，《人民法院办理执行案件规范》第 333 条第 2 款。

程中知悉的信息应当保密。①

19-5 调查信息的录入

通过现场调查等方式获得的被执行人的财产、身份等信息，无法自动导入的，应及时按要求在执行案件流程信息管理系统中进行手动录入。

19-6 办理时限的要求

执行法院一般应在一个月内完成对被执行人的财产状况的调查。②

19-7 财产调查令

各地法院可以根据本地的实际情况，探索尝试以调查令、委托调查函等方式赋予代理律师法律规定范围内的财产调查权。③

---

① 参见《最高人民法院关于民事执行中财产调查若干问题的规定》（法释〔2017〕8号）第十二条第三款，《人民法院办理执行案件规范》第333条第3款。
② 参见《最高人民法院关于人民法院办理执行案件若干期限的规定》（法发〔2006〕35号）第六条。
③ 参见《最高人民法院印发〈关于依法制裁规避执行行为的若干意见〉的通知》（法〔2011〕195号）第2条。

第四章 财产的查封、扣押、冻结、划拨

20. 发现财产后的处理

发现被执行人财产后,执行法院应当根据财产种类、性质,及时采取查封、扣押、扣留、冻结、提取、划拨等措施。

采取前款规定的措施,执行法院应当作出裁定,并送达被执行人和申请执行人。[①]

一、银行存款

21. 存款可冻结、划拨的判断标准及冻结期限

银行存款有下列情形之一的,执行法院可以冻结、划拨:

(一)登记的账户名称为被执行人;[②]

(二)登记的账户名称虽为第三人,但第三人书面确认或者

[①] 参见《最高人民法院关于人民法院民事执行中查封、扣押、冻结财产的规定》(法释〔2004〕15号)第一条第一款,《人民法院办理执行案件规范》第352条第1款。

[②] 参见《最高人民法院关于人民法院民事执行中查封、扣押、冻结财产的规定》(法释〔2004〕15号)第二条第一款,《人民法院办理执行案件规范》第353条第1款。

生效法律文书认定该账户中存款属于被执行人所有。①

冻结银行存款的期限不得超过一年。②

22. 冻结与划拨的衔接

对未冻结的银行存款，执行法院可以直接裁定划拨。

对已冻结的银行存款，执行法院可以直接裁定划拨，无需出具解除冻结的手续，但应当在裁定中载明先前冻结的事实。③

23. 作出裁定、制作协助执行通知书

决定冻结、划拨银行存款的，执行法院应作出冻结、划拨裁定，并制作协助冻结、划拨存款通知书。④

24. 通知金融机构协助执行

冻结、划拨银行存款的，执行人员应当通知金融机构协助执行。

通知金融机构协助执行，执行人员应当出示本人工作证和执行公务证，并送达冻结、划拨裁定书和协助冻结、划拨存款通

---

① 参见《中华人民共和国物权法》（2007 年 3 月 16 日）第二十八条，《最高人民法院关于人民法院民事执行中查封、扣押、冻结财产的规定》（法释〔2004〕15 号）第二条第三款，《人民法院办理执行案件规范》第 353 条第 3 款。

② 参见《最高人民法院关于适用〈中华人民共和国民事诉讼法〉的解释》（法释〔2015〕5 号）第四百八十七条第一款，《人民法院办理执行案件规范》第 511 条第 1 款。

③ 参见《人民法院、银行业金融机构网络执行查控工作规范》（法〔2015〕321 号）第十四条第二款，《人民法院办理执行案件规范》第 513 条第 2 款。

④ 参见《最高人民法院关于人民法院民事执行中查封、扣押、冻结财产的规定》（法释〔2004〕15 号）第一条，《人民法院办理执行案件规范》第 352 条。

知书。①

25. 通知优先权人、共有权人

有权机关、金融机构或第三人对被执行人银行账户中的存款及其他金融资产享有质押权、保证金等优先受偿权的，金融机构应当将所登记的优先受偿权信息在查询结果中载明。执行法院可以采取冻结措施。金融机构反馈查询结果中载明优先受偿权人的，执行法院应当在办理后及时将采取冻结措施的情况通知优先受偿权人。优先受偿权人可向执行法院主张权利，执行法院应当依法审查处理。审查处理期间，执行法院不得强制划拨。

存款或金融资产的优先受偿权消灭前，其价值不计算在实际冻结总金额内；优先受偿权消灭后，执行法院可以依法采取划拨、强制变价等执行措施。

被执行人与案外人开设联名账户等共有账户，案外人对账户中的存款及其他金融资产享有共有权的，参照前两款规定处理。②

26. 金融机构擅自解冻的处理

26-1 责令限期追回

银行存款冻结后，金融机构未经执行法院准许擅自解冻，致使冻结款项被转移的，执行法院应向其发出通知书，责令其限期追回。

前款规定的通知应载明追回款项的具体金额以及逾期不能追

---

① 参见《最高人民法院关于人民法院民事执行中查封、扣押、冻结财产的规定》（法释〔2004〕15号）第一条第二款，《最高人民法院、中国人民银行关于依法规范人民法院执行和金融机构协助执行的通知》（法发〔2000〕21号）第一条第二款，《人民法院办理执行案件规范》第352条第2款、第510条。

② 参见《人民法院、银行业金融机构网络执行查控工作规范》（法〔2015〕321号）第12条，《人民法院办理执行案件规范》第518条。

回的法律后果。①

26-2 逾期未追回的处理

限期内未追回的，裁定金融机构在转移款项的范围内以自己的财产向申请执行人承担责任。②

二、收入

27. 可按收入执行程序执行的判断标准

被执行人债权依照收入执行程序予以执行的，应当符合下列条件：

（一）被执行人为自然人；

（二）被执行人债权的表现形式为在有关单位的工资、奖金、劳务报酬等。③

28. 作出裁定、制作协助执行通知书

决定扣留、提取收入的，执行法院应作出裁定，并制作协助执行通知书。④

29. 通知有关单位协助执行

扣留、提取收入的，执行人员应当通知被执行人所在单位、

---

① 参见《最高人民法院关于人民法院执行工作若干问题的规定（试行）》（法释〔1998〕15号）第33条，《人民法院办理执行案件规范》第517条。

② 参见《最高人民法院关于人民法院执行工作若干问题的规定（试行）》（法释〔1998〕15号）第33条，《人民法院办理执行案件规范》第517条。

③ 参见《中华人民共和国民事诉讼法》（2017年6月27日第三次修正）第二百四十三条第一款，《人民法院办理执行案件规范》第634条第1款。

④ 参见《中华人民共和国民事诉讼法》（2017年6月27日第三次修正）第二百四十三条，《人民法院办理执行案件规范》第634条。

银行、信用合作社和其他有储蓄业务的单位协助执行。

通知有关单位协助扣留、提取收入，执行人员应当出示工作证和执行公务证，并送达扣留、提取裁定书和协助扣留、提取收入通知书。①

30. 协助义务人擅自支付的处理

30-1 责令限期追回

协助义务人收到执行法院协助扣留、提取被执行人收入的通知后，擅自向被执行人或其他人支付的，执行法院应向其发出通知，责令其限期追回。

前款规定的通知应载明追回款项的具体金额以及逾期不能追回的法律后果。②

30-2 逾期未追回的处理

逾期未追回的，裁定协助义务人在支付的数额内向申请执行人承担责任。③

---

① 参见《中华人民共和国民事诉讼法》（2017年6月27日第三次修正）第二百四十三条第二款，《最高人民法院关于人民法院执行工作若干问题的规定（试行）》（法释〔1998〕15号）第8条，《人民法院办理执行案件规范》第12条第1款、第634条第2款。

② 参见《最高人民法院关于人民法院执行工作若干问题的规定（试行）》（法释〔1998〕15号）第37条，《人民法院办理执行案件规范》第636条。

③ 参见《最高人民法院关于人民法院执行工作若干问题的规定（试行）》（法释〔1998〕15号）第37条，《人民法院办理执行案件规范》第636条。

三、股息或红利等收益

31. 股息或红利等收益可予冻结、提取的判断标准及冻结期限

股息或红利等收益有下列情形之一的,执行法院可以冻结、提取:

(一)工商行政管理机关业务系统、企业信用信息公示系统以及公司章程载明相关股权属于被执行人的;①

(二)登记在第三人名下,但是第三人书面确认或生效法律文书认定相关股权、投资权益属于被执行人的。②

冻结股息或红利等收益的期限不得超过三年。③

32. 作出裁定、制作协助执行通知书

执行对被执行人从有关企业中应得的已到期的股息或红利等收益,执行法院应当作出裁定和协助执行通知书,禁止被执行人提取和有关企业向被执行人支付,并可以要求有关企业直接向申请执行人支付。

冻结被执行人预期从有关企业中应得的股息或红利等收益,

---

① 参见《最高人民法院关于人民法院民事执行中查封、扣押、冻结财产的规定》(法释〔2004〕15号)第二条第一款,《最高人民法院、国家工商总局关于加强信息合作规范执行与协助执行的通知》(法〔2014〕251号)第10条,《人民法院办理执行案件规范》第353条第1款、第586条。

② 参见《中华人民共和国物权法》(2007年3月16日)第二十八条,《最高人民法院关于人民法院民事执行中查封、扣押、冻结财产的规定》(法释〔2004〕15号)第二条第三款,《人民法院办理执行案件规范》第353条第3款、第4款。

③ 参见《最高人民法院关于适用〈中华人民共和国民事诉讼法〉的解释》(法释〔2015〕5号)第四百八十七条第一款,《人民法院办理执行案件规范》第374条第1款。

执行法院应当作出裁定和协助执行通知书，禁止到期后被执行人提取和有关企业向被执行人支付。到期后执行法院可裁定从有关企业中提取，并出具提取收据。①

33. 通知有关企业协助执行

冻结、提取股息或红利等收益的，执行人员应当通知有关企业协助执行。

通知有关企业协助执行时，执行人员应当出示工作证和执行公务证，并送达冻结、提取裁定书和协助冻结、提取股息或红利等收益通知书。②

34. 有关企业擅自支付的处理

34-1 责令限期追回

有关企业收到执行法院发出的协助执行通知后，擅自向被执行人支付股息或红利等收益，执行法院应向其发出通知，责令其限期追回。

前款规定的通知应载明追回款项的具体金额以及逾期不能追回的法律后果。③

---

① 参见《最高人民法院关于人民法院民事执行中查封、扣押、冻结财产的规定》（法释〔2004〕15号）第一条，《最高人民法院关于人民法院执行工作若干问题的规定（试行）》（法释〔1998〕15号）第51条，《人民法院办理执行案件规范》第352条、第598条。

② 参见《最高人民法院关于人民法院民事执行中查封、扣押、冻结财产的规定》（法释〔2004〕15号）第一条第二款，《最高人民法院关于人民法院执行工作若干问题的规定（试行）》（法释〔1998〕15号）第8条，《人民法院办理执行案件规范》第12条第1款、第352条第2款。

③ 参见《最高人民法院关于人民法院执行工作若干问题的规定（试行）》（法释〔1998〕15号）第56条，《人民法院办理执行案件规范》第599条。

34 -2 逾期未追回的处理

逾期未追回的，裁定有关企业在所支付的股息或红利的价值范围内向申请执行人承担责任。①

四、动产

35. 动产可查封、扣押的判断标准及查封、扣押期限

动产有下列情形之一的，执行法院可以查封、扣押：
（一）被执行人占有的；
（二）登记在被执行人名下的；
（三）被第三人占有或登记在第三人名下，但第三人书面确认或者生效法律文书确认该动产属于被执行人的。②

查封、扣押动产的期限，不得超过两年。③

36. 作出裁定、制作协助执行通知书

查封、扣押动产的，执行法院应作出查封、扣押裁定。需要有关单位协助执行的，还应制作协助执行通知书。④

---

① 参见《最高人民法院关于人民法院执行工作若干问题的规定（试行）》（法释〔1998〕15号）第56条，《人民法院办理执行案件规范》第599条。
② 参见《中华人民共和国物权法》（2007年3月16日）第二十八条，《最高人民法院关于适用〈中华人民共和国物权法〉若干问题的解释（一）》（法释〔2016〕5号）第六条，《最高人民法院关于人民法院民事执行中查封、扣押、冻结财产的规定》（法释〔2004〕15号）第二条第一款、第三款，《人民法院办理执行案件规范》第353条第1款、第3款。
③ 参见《最高人民法院关于适用〈中华人民共和国民事诉讼法〉的解释》（法释〔2015〕5号）第四百八十七条第一款，《人民法院办理执行案件规范》第374条第1款。
④ 参见《最高人民法院关于人民法院民事执行中查封、扣押、冻结财产的规定》（法释〔2004〕15号）第一条，《人民法院办理执行案件规范》第352条。

37. 现场查封、扣押

37-1 通知相关人员到场

查封、扣押财产时,被执行人是自然人的,应当通知被执行人或者他的成年家属到场;被执行人是法人或者其他组织的,应当通知其法定代表人或者主要负责人到场。拒不到场的,不影响执行。被执行人是自然人的,其工作单位或者财产所在地的基层组织应当派人参加。①

37-2 确定保管人及是否允许使用

37-2-1 确定保管人

对查封、扣押的动产,不宜由人民法院保管的,可以指定被执行人负责保管;不宜由被执行人保管的,可以委托第三人或申请执行人保管。②

担保物权人占有的担保动产,一般应当指定该担保物权人作为保管人;不指定由其保管的,质权、留置权不因转移占有而消灭。③

37-2-2 决定是否允许使用

指定由被执行人保管的动产,如果继续使用对该动产价值无重大影响的,可以允许被执行人继续使用。

---

① 参见《中华人民共和国民事诉讼法》(2017年6月27日第三次修正)第二百四十五条第一款,《人民法院办理执行案件规范》第366条第1款。

② 参见《最高人民法院关于人民法院民事执行中查封、扣押、冻结财产的规定》(法释〔2004〕15号)第十二条第一款,《人民法院办理执行案件规范》第359条第1款。

③ 参见《最高人民法院关于人民法院民事执行中查封、扣押、冻结财产的规定》(法释〔2004〕15号)第十三条,《人民法院办理执行案件规范》第359条第3款。

第三人为自己利益依法占有被执行人的动产的，可允许该第三人继续占有使用查封动产。除此之外，其他保管人均不得使用。①

37-3 张贴封条、公告

查封、扣押动产的，应当在动产上张贴封条，或者张贴公告以及其他足以公示查封、扣押的适当方式。②

37-4 制作查封、扣押笔录和财产清单

查封、扣押动产应当制作笔录。对被查封、扣押的财产应造具财产清单。③

37-4-1 查封、扣押笔录要求

查封、扣押笔录应当载明下列内容：

（一）执行措施开始及完成的时间；
（二）动产的种类、数量及原存放地点、占有人；
（三）动产的现保管人及保管场所；
（四）其他应当记明的事项。

执行人员、原占有人、保管人、到场人员应当在笔录上签名。④

---

① 参见《最高人民法院关于人民法院民事执行中查封、扣押、冻结财产的规定》（法释〔2004〕15号）第十二条第二款，《人民法院办理执行案件规范》第359条第2款。
② 参见《最高人民法院关于人民法院民事执行中查封、扣押、冻结财产的规定》（法释〔2004〕15号）第八条，《人民法院办理执行案件规范》第356条。
③ 参见《中华人民共和国民事诉讼法》（2017年6月27日第三次修正）第二百四十五条第二款，《人民法院办理执行案件规范》第366条第2款。
④ 参见《最高人民法院关于人民法院民事执行中查封、扣押、冻结财产的规定》（法释〔2004〕15号）第二十条，《人民法院办理执行案件规范》第367条。

37-4-2 财产清单要求

财产清单应当载明下列内容：

（一）查封、扣押法院、执行案号；

（二）查封、扣押动产的名称、品牌、规格型号、数量、颜色、可标识唯一性的有关号码，生产日期、保质期等。

执行人员、原占有人、保管人、到场人员，应当在查封、扣押财产清单上签名。

执行人员应将查封、扣押清单交被执行人一份。[1]

37-5 录音录像

现场查封、扣押的过程应全程录音录像。

38. 特殊动产的查封、扣押

38-1 通知登记机关协助执行

查封、扣押车辆、船舶、航空器等有登记动产的，应当通知相关登记机关办理登记手续。

通知登记机关协助执行时，执行人员应当出示工作证和执行公务证，并送达查封、扣押裁定书和协助查封、扣押动产通知书。[2]

38-2 未实际扣押的责令交出或协助查找

执行法院对已经办理查封登记手续的被执行人机动车未能实

---

[1] 参见《中华人民共和国民事诉讼法》（2017年6月27日第三次修正）第二百四十五条第二款，《人民法院办理执行案件规范》第366条第2款。

[2] 参见《最高人民法院关于人民法院民事执行中查封、扣押、冻结财产的规定》（法释〔2004〕15号）第一条第二款，《最高人民法院关于人民法院执行工作若干问题的规定（试行）》（法释〔1998〕15号）第8条，《人民法院办理执行案件规范》第12条第1款、第352条第2款、第539条。

际扣押的，可以责令被执行人或实际占有人限期交出车辆，也可以依照相关规定通知有关单位协助查找。

被执行人或实际占有人无正当理由拒不交出的，可以根据情节轻重予以罚款、拘留；构成犯罪的，依法追究刑事责任。①

38-3 未登记特殊动产的扣押

扣押尚未进行权属登记的机动车辆时，执行人员应当在扣押清单上记载该机动车辆的发动机编号。该车辆在扣押期间权利人要求办理权属登记手续的，执行法院应当准许并及时办理相应的扣押登记手续。②

39. 船舶执行的专属管辖

除海事法院及其上级人民法院外，地方法院对当事人提出的船舶保全申请应不予受理；地方人民法院为执行生效法律文书需要扣押和拍卖船舶的，应当委托船籍港所在地或者船舶所在地的海事法院执行。③

当事人依照民事诉讼法第十五章第七节的规定，申请拍卖船舶实现船舶担保物权的，由船舶所在地或船籍港所在地的海事法院管辖，按照海事诉讼特别程序法以及《最高人民法院关于扣押与拍卖船舶适用法律若干问题的规定》关于船舶拍卖受偿程序的

---

① 参见《最高人民法院关于民事执行中财产调查若干问题的规定》（法释〔2017〕8号）第十六条，《人民法院办理执行案件规范》第541条。

② 参见《最高人民法院关于人民法院民事执行中查封、扣押、冻结财产的规定》（法释〔2004〕15号）第十一条，《人民法院办理执行案件规范》第540条。

③ 参见《最高人民法院关于适用〈中华人民共和国海事诉讼特别程序法〉若干问题的解释》（法释〔2003〕4号）第十五条，《最高人民法院民事审判第四庭关于广州海事法院拍卖"新双运机13"等船舶后价款分配问题的请示的答复》（〔2005〕民四他字第42号），《人民法院办理执行案件规范》第545条第1款。

规定处理。①

五、不动产

40. 不动产可查封的判断标准及查封期限

不动产有下列情形之一的，执行法院可以查封：

（一）登记在被执行人名下的；②

（二）登记在第三人名下，但第三人书面确认或者生效法律文书认定该不动产属于被执行人所有的；③

（三）未办理权属登记，但根据土地使用权审批文件和其他相关证据可以确定属被执行人所有的。④

查封不动产的期限不得超过三年。⑤

41. 作出裁定、制作协助执行通知书、查封公告

决定查封不动产的，执行法院应作出查封裁定。

---

① 参见《最高人民法院关于扣押与拍卖船舶适用法律若干问题的规定》（法释〔2015〕6号）第二十三条，《人民法院办理执行案件规范》第545条第2款。

② 参见《最高人民法院关于人民法院民事执行中查封、扣押、冻结财产的规定》（法释〔2004〕15号）第二条第一款，《人民法院办理执行案件规范》第353条第1款、第547条第1款。

③ 参见《中华人民共和国物权法》（2007年3月16日）第二十八条，《最高人民法院关于人民法院民事执行中查封、扣押、冻结财产的规定》（法释〔2004〕15号）第二条第三款，《人民法院办理执行案件规范》第353条第3款、第547条第3款，第548条。

④ 参见《最高人民法院关于人民法院民事执行中查封、扣押、冻结财产的规定》（法释〔2004〕15号）第二条第二款，《人民法院办理执行案件规范》第547条第2款。

⑤ 参见《最高人民法院关于适用〈中华人民共和国民事诉讼法〉的解释》（法释〔2015〕5号）第四百八十七条第一款，《人民法院办理执行案件规范》第557条第1款。

对已登记的不动产的查封，同时应制作协助执行通知书，通知登记机关协助办理登记手续。

现场查封不动产的，同时应制作查封公告或者封条。①

42. 通知不动产登记机关协助执行

查封已登记不动产的，执行人员应当通知不动产登记机关办理登记手续。

通知不动产登记机关协助执行时，执行人员应当出示工作证和执行公务证，并送达查封裁定书和协助查封不动产通知书。②

43. 现场查封

43-1 通知相关人员到场

对不动产进行现场查封，应依照本指引第37-1条规定通知相关人员到场。对尚未进行权属登记的建筑物的查封，还应当通知其管理人或者该建筑物的实际占有人。

前述人员无法通知，或者经通知拒不到场的，不影响执行。③

43-2 查明现场占有使用情况

执行人员发现查封的房屋部分或全部为案外人占有的，应当

---

① 参见《最高人民法院关于人民法院民事执行中查封、扣押、冻结财产的规定》（法释〔2004〕15号）第一条、第九条，《人民法院办理执行案件规范》第352条、第559条。

② 参见《最高人民法院关于人民法院民事执行中查封、扣押、冻结财产的规定》（法释〔2004〕15号）第一条第二款、第九条第二款，《最高人民法院关于人民法院执行工作若干问题的规定（试行）》（法释〔1998〕15号）第8条，《人民法院办理执行案件规范》第12条第1款、第352条第2款、第558条第2款、第559条第2款。

③ 参见《中华人民共和国民事诉讼法》（2017年6月27日第三次修正）第二百四十五条第一款，《最高人民法院关于人民法院民事执行中查封、扣押、冻结财产的规定》（法释〔2004〕15号）第十条，《人民法院办理执行案件规范》第366条第1款、第560条。

场询问案外人的姓名（或名称）、住所（或住所地）、占有原因、占有期限等内容并记入查封笔录。案外人主张系承租房屋的，应责令其当场提供租赁合同、租金支付凭据等。

43-3 确定保管人及是否允许使用

确定查封不动产保管人以及是否允许使用，依照本指引第37-2条规定办理。

43-4 张贴封条、查封公告、提取证照

现场查封不动产，应当张贴封条或者查封公告。对已经登记的不动产，可以提取有关财产权证照。[1]

43-5 制作查封笔录

查封不动产应当制作笔录。查封笔录应载明下列内容：
（1）执行措施开始及完成的时间；
（2）不动产坐落、权属等情况；
（3）不动产的占有、使用、保管情况；
（4）查封的法律后果；
（5）其他应当记明的事项。
执行人员、保管人以及到场人员应当在笔录上签名。[2]

43-6 录音录像

现场查封过程，应当全程录音录像。

---

[1] 参见《最高人民法院关于人民法院民事执行中查封、扣押、冻结财产的规定》（法释〔2004〕15号）第九条第一款，《人民法院办理执行案件规范》第559条第1款。

[2] 参见《最高人民法院关于人民法院民事执行中查封、扣押、冻结财产的规定》（法释〔2004〕15号）第二十条，《人民法院办理执行案件规范》第561条。

44. 不动产的预查封

44-1 预查封的一般规定

不动产虽未进行权属登记，但是符合法定条件的，执行法院可以通知不动产登记机关办理预查封登记。不动产在预查封期间正式登记到被执行人名下的，预查封自动转为正式查封。[①]

通知登记机关协助办理预查封登记，参照本指引第 42 条规定办理。

44-2 土地使用权的预查封

44-2-1 全部缴纳土地使用权出让金的情形

被执行人全部缴纳土地使用权出让金但尚未办理土地使用权登记的，执行法院可以对该土地使用权进行预查封。[②]

44-2-2 部分缴纳土地使用权出让金的情形

被执行人部分缴纳土地使用权出让金但尚未办理土地使用权登记的，对可以分割的土地使用权，按已缴付的土地使用权出让金，执行法院可以先发函由国土资源管理部门确认被执行人的土地使用权，再对确认后的土地使用权裁定预查封。对不可以分割的土地使用权，可以全部进行预查封。

协助预查封的执行通知书中应明确载明，因被执行人在规定期限内未全部缴纳土地使用权出让金需收回土地使用权时，国土

[①] 参见《最高人民法院、国土资源部、建设部关于依法规范人民法院执行和国土资源房地产管理部门协助执行若干问题的通知》（法发〔2004〕5 号）第十六条，《人民法院办理执行案件规范》第 555 条。

[②] 参见《最高人民法院、国土资源部、建设部关于依法规范人民法院执行和国土资源房地产管理部门协助执行若干问题的通知》（法发〔2004〕5 号）第十三条，《人民法院办理执行案件规范》第 552 条。

资源管理部门应当将按照有关规定需退还被执行人的土地使用权出让金交由执行法院控制。①

44-3 房屋的预查封

房屋具有下列情形之一的，虽未进行权属登记，执行法院可以进行预查封：

（1）作为被执行人的房地产开发企业，已办理了商品房预售许可证且尚未出售的房屋；

（2）被执行人购买的已由房地产开发企业办理了房屋权属初始登记的房屋；

（3）被执行人购买的办理了商品房预售合同登记备案手续或者商品房预告登记的房屋。②

六、证券及其交易结算资金

45. 证券及其交易结算资金可冻结、划拨的判断标准及冻结期限

证券、证券交易结算资金有下列情形之一的，执行法院可以冻结、划拨：

（一）证券账户、资金账户登记的账户名称为被执行人；③

---

① 参见《最高人民法院、国土资源部、建设部关于依法规范人民法院执行和国土资源房地产管理部门协助执行若干问题的通知》（法发〔2004〕5号）第十四条，《人民法院办理执行案件规范》第553条。

② 参见《最高人民法院、国土资源部、建设部关于依法规范人民法院执行和国土资源房地产管理部门协助执行若干问题的通知》（法发〔2004〕5号）第十五条，《人民法院办理执行案件规范》第554条。

③ 参见《最高人民法院关于人民法院民事执行中查封、扣押、冻结财产的规定》（法释〔2004〕15号）第二条第一款、《人民法院办理执行案件规范》第353条第1款。

（二）证券账户、资金账户登记的账户名称为第三人，但第三人书面确认或者生效法律文书认定账户中资产属于被执行人所有。①

冻结证券、证券交易结算资金的期限不得超过三年。②

46. 冻结与划拨的衔接

对未冻结的证券、证券交易结算资金，执行法院可以直接裁定划拨。

对已冻结的证券、证券交易结算资金，执行法院可以直接裁定划拨，无需出具解除冻结的手续，但应当在相关文书中载明先前冻结的事实。

47. 作出裁定、制作协助执行通知书

决定冻结、划拨证券、证券交易结算资金的，执行法院应作出冻结、划拨裁定，制作协助冻结、划拨证券、证券交易结算资金通知书。③

被执行的证券在证券公司托管的，协助执行单位既可以是证券公司，也可以是证券登记结算机构。

未在证券公司托管的证券、或者证券公司自营的证券的冻结、划拨，协助执行单位为证券登记结算公司。④

---

① 参见《中华人民共和国物权法》（2007年3月16日）第二十八条，《最高人民法院关于人民法院民事执行中查封、扣押、冻结财产的规定》（法释〔2004〕15号）第二条第三款，《人民法院办理执行案件规范》第353条第3款、第4款。

② 参见《最高人民法院关于适用〈中华人民共和国民事诉讼法〉的解释》（法释〔2015〕5号）第四百八十七条第一款，《人民法院办理执行案件规范》第603条第1款。

③ 参见《最高人民法院关于人民法院民事执行中查封、扣押、冻结财产的规定》（法释〔2004〕15号）第一条，《人民法院办理执行案件规范》第352条。

④ 参见《最高人民法院、最高人民检察院、公安部、中国证券监督管理委员会关于查询、冻结、扣划证券和证券交易结算资金有关问题的通知》（法发〔2008〕4号）第九条，《人民法院办理执行案件规范》第614条。

48. 通知证券公司、证券登记结算机构协助执行

冻结、划拨证券、证券交易结算资金的，执行人员应当通知证券公司、证券登记结算机构协助执行。

通知证券公司、证券登记结算机构协助执行时，执行人员应当出示工作证和执行公务证，并送达冻结、划拨裁定书、和协助冻结、划拨通知书。①

49. 可流通证券的直接变价

对被执行人证券账户内的可流通证券，执行法院也可以指令被执行人所在证券公司营业部在三十个交易日内通过证券交易将该证券卖出，并将变卖所得价款直接划付到执行法院指定的账户。②

七、股权、其他投资权益

50. 股权、其他投资权益可冻结的判断标准及冻结期限

股权、其他投资权益有下列情形之一的，执行法院可以冻结：

（一）工商行政管理机关业务系统、企业信用信息公示系统

---

① 参见《最高人民法院关于人民法院民事执行中查封、扣押、冻结财产的规定》（法释〔2004〕15号）第一条第二款，《最高人民法院关于人民法院执行工作若干问题的规定（试行）》（法释〔1998〕15号）第8条，《最高人民法院、最高人民检察院、公安部、中国证券监督管理委员会关于查询、冻结、扣划证券和证券交易结算资金有关问题的通知》（法发〔2008〕4号）第二条，《人民法院办理执行案件规范》第12条第1款、第352条第2款、第601条。

② 参见《最高人民法院关于冻结、扣划证券交易结算资金有关问题的通知》（法〔2004〕239号）第五条，《人民法院办理执行案件规范》第620条。

以及公司章程载明属于被执行人的;①

(二)登记在第三人名下,但是第三人书面确认或生效法律文书认定该股权、投资权益属于被执行人的。②

冻结股权、其他投资权益的期限不得超过三年。③

51. 作出裁定、制作协助执行通知书等文书

决定冻结股权、其他投资权益的,执行法院应作出冻结裁定,并制作协助执行通知书、协助公示通知书、协助公示执行信息需求书。④

52. 通知相关部门、市场主体协助执行

52-1 通知工商行政管理机关协助执行

冻结股权、其他投资权益的,执行法院应当通知工商行政管理机关协助执行。

通知工商行政管理机关协助执行时,执行人员应当出示工作证和执行公务证,并送达冻结裁定书、协助公示通知书、协助公

---

① 参见《最高人民法院关于人民法院民事执行中查封、扣押、冻结财产的规定》(法释〔2004〕15号)第二条第一款,《最高人民法院、国家工商总局关于加强信息合作规范执行与协助执行的通知》(法〔2014〕251号)第10条,《人民法院办理执行案件规范》第353条第1款、第586条。

② 参见《中华人民共和国物权法》(2007年3月16日)第二十八条,《最高人民法院关于人民法院民事执行中查封、扣押、冻结财产的规定》(法释〔2004〕15号)第二条第三款,《人民法院办理执行案件规范》第353条第3款、第4款。

③ 参见《最高人民法院关于适用〈中华人民共和国民事诉讼法〉的解释》(法释〔2015〕5号)第四百八十七条第一款,《人民法院办理执行案件规范》第590条第1款。

④ 参见《最高人民法院关于人民法院民事执行中查封、扣押、冻结财产的规定》(法释〔2004〕15号)第一条,《最高人民法院、国家工商总局关于加强信息合作规范执行与协助执行的通知》(法〔2014〕251号)第11条,《人民法院办理执行案件规范》第352条、第587条。

示执行信息需求书。

协助公示通知书应当载明被执行人姓名（名称），执行依据，被冻结的股权、其他投资权益所在市场主体的姓名（名称），股权、其他投资权益数额，冻结期限，执行法院经办人员的姓名和电话等内容。裁定书和协助执行通知书送达时发生法律效力。①

52-2 通知市场主体协助执行

冻结股权、其他投资权益的，执行人员应当通知被执行人股权、其他投资权益所在市场主体协助执行。

通知被执行人股权、其他投资权益所在市场主体协助执行时，执行人员应当出示工作证和执行公务证，并送达冻结裁定书、协助执行通知书。

协助执行通知书应当载明该市场主体于冻结期限内不得办理被冻结投资权益或股权的转移手续，不得向被执行人支付股息或红利。②

53. 市场主体擅自协助转移已冻结股权的处理

有关市场主体收到执行法院发出的协助冻结通知后，擅自为被执行人办理已冻结股权的转移手续，造成已转移的财产无法追回的，执行法院应当责令其在所转移的股权价值范围内向申请执行人承担责任。③

---

① 参见《最高人民法院关于人民法院执行工作若干问题的规定（试行）》（法释〔1998〕15号）第8条，《最高人民法院、国家工商总局关于加强信息合作规范执行与协助执行的通知》（法〔2014〕251号）第11条；《人民法院办理执行案件规范》第12条第1款，第587条第1款、第3款、第4款。

② 参见《最高人民法院关于人民法院执行工作若干问题的规定（试行）》（法释〔1998〕15号）第8条、第53条第2款，《人民法院办理执行案件规范》第12条第1款、第587条第2款。

③ 参见《最高人民法院关于人民法院执行工作若干问题的规定（试行）》（法释〔1998〕15号）第56条，《人民法院办理执行案件规范》第599条。

八、债权

54. 可以依照到期债权执行程序予以执行的判断标准及冻结期限

被执行人债权依照到期债权执行程序予以执行,应当符合下列条件:

(一)有证据显示被执行人对他人享有到期债权;

(二)该债权不属于本指引第 27 条规定的情形。

冻结到期债权的期限不得超过三年。①

55. 作出冻结裁定与履行通知

55-1 一般规定

执行被执行人对次债务人享有到期债权的,执行法院应作出冻结裁定,制作履行通知。②

55-2 冻结裁定的内容

冻结债权的裁定应载明禁止被执行人收取或处分债权,禁止次债务人向被执行人清偿。

55-3 履行通知的内容

履行通知应当包含下列内容:

---

① 参见《最高人民法院关于适用〈中华人民共和国民事诉讼法〉的解释》(法释〔2015〕5 号)第四百八十七条第一款,《人民法院办理执行案件规范》第 622 条第 1 款。

② 参见《最高人民法院关于适用〈中华人民共和国民事诉讼法〉的解释》(法释〔2015〕5 号)第五百零一条第一款,《人民法院办理执行案件规范》第 621 条第 1 款。

（一）次债务人直接向申请执行人履行其对被执行人所负的债务，不得向被执行人清偿；

（二）次债务人应当在收到履行通知后的十五日内向申请执行人履行债务；

（三）次债务人对履行到期债务有异议的，应当在收到履行通知后的十五日内向执行法院提出；

（四）次债务人违背上述义务的法律后果。①

56. 送达冻结裁定、履行通知

56-1 送达次债务人及对异议的收集

冻结裁定书和履行到期债务通知书应直接送达次债务人。

次债务人当场提出书面异议的，执行人员应直接接收。次债务人口头提出异议的，执行人员应记入笔录，并由次债务人签名或盖章。②

56-2 送达被执行人

冻结裁定书应同时送达被执行人。③

---

① 参见《最高人民法院关于人民法院执行工作若干问题的规定（试行）》（法释〔1998〕15号）第61条，《人民法院办理执行案件规范》第623条第1款。

② 参见《最高人民法院关于人民法院执行工作若干问题的规定（试行）》（法释〔1998〕15号）第61条第1款、第62条，《人民法院办理执行案件规范》第623条第2款、第624条。

③ 参见《最高人民法院关于人民法院民事执行中查封、扣押、冻结财产的规定》（法释〔2004〕15号）第一条第一款，《人民法院办理执行案件规范》第352条第1款。

57. 异议的处理

57-1 指定期限内提出异议的处理

57-1-1 不得对次债务人强制执行

次债务人在履行通知指定期间内对到期债权提出异议的，执行法院不得对次债务人强制执行，对其提出的异议不予审查。①

下列情形不属前款所指的异议：

（一）次债务人提出自己无履行能力或者其与申请执行人无直接法律关系的异议；②

（二）次债务人提出否认生效法律文书确定的到期债权的异议。③

次债务人对债务部分承认、部分有异议的，对其承认的部分可以强制执行。④

57-1-2 告知申请执行人异议情况、救济途径

次债务人在指定期间内对到期债权提出异议，执行法院应将其异议告知申请执行人，并告知其如果认为次债务人异议不成立，可依照合同法第七十三条的规定提起代位诉讼。

---

① 参见《最高人民法院关于适用〈中华人民共和国民事诉讼法〉的解释》（法释〔2015〕5号）第五百零一条第二款，《最高人民法院关于人民法院执行工作若干问题的规定（试行）》（法释〔1998〕15号）第63条，《人民法院办理执行案件规范》第621条第2款、第625条。

② 参见《最高人民法院关于人民法院执行工作若干问题的规定（试行）》（法释〔1998〕15号）第64条第1款，《人民法院办理执行案件规范》第626条第1款。

③ 参见《最高人民法院关于适用〈中华人民共和国民事诉讼法〉的解释》（法释〔2015〕5号）第五百零一条第三款，《人民法院办理执行案件规范》第621条第3款。

④ 参见《最高人民法院关于人民法院执行工作若干问题的规定（试行）》（法释〔1998〕15号）第64条第2款，《人民法院办理执行案件规范》第626条第2款。

57-2 逾期提出异议的处理

次债务人逾期对履行到期债权提出异议的,由执行法院参照《最高人民法院关于人民法院办理执行异议和复议案件若干问题的规定》第七条第二款的规定进行审查。

57-3 对法律文书确认债权提出债权消灭异议的处理

对经生效法律文书确认的债权,次债务人以债权消灭、丧失强制执行效力等该法律文书生效后的实体事由提出异议的,由执行法院参照《最高人民法院关于人民法院办理执行异议和复议案件若干问题的规定》第七条第二款的规定进行审查。

57-4 利害关系人对到期债权提出异议的处理

利害关系人对到期债权有异议的,执行法院应当按照民事诉讼法第二百二十七条规定处理。[①]

58. 裁定对次债务人强制执行

次债务人未依照履行通知履行,有下列情形之一的,执行法院应当作出裁定,对次债务人强制执行:

(一)次债务人在指定期限内未提出异议;

(二)次债务人虽在指定期限内提出异议,但该异议属于本指引第57-1-1条第2款规定的情形。

裁定书应同时送达次债务人和被执行人。[②]

[①] 参见《最高人民法院关于适用〈中华人民共和国民事诉讼法〉的解释》(法释〔2015〕5号)第五百零一条第二款,《人民法院办理执行案件规范》第621条第2款。

[②] 参见《最高人民法院关于人民法院执行工作若干问题的规定(试行)》(法释〔1998〕15号)第65条,《人民法院办理执行案件规范》第627条。

次债务人履行了义务的，执行法院应当出具有关证明。①

59. 几种特殊情形的处理

59-1 被执行人放弃债权或延缓履行期限

被执行人收到冻结裁定书或履行通知后，放弃其对次债务人的债权或延缓次债务人履行期限的行为不可对抗执行法院的强制执行，执行法院仍可对次债务人强制执行。②

59-2 次债务人擅自履行债务

次债务人收到履行到期债务通知后，擅自向被执行人履行，造成已向被执行人履行的财产不能追回的，执行法院除责令次债务人在已履行的财产范围内与被执行人承担连带清偿责任外，还可以追究其妨害执行的责任。③

59-3 发现次债务人有到期债权

在对次债务人作出强制执行裁定后，次债务人确无财产可供执行的，不得对次债务人的到期债权强制执行。④

60. 已申请执行的到期债权的执行

到期债权系生效法律文书确定，且被执行人已经申请强制执

---

① 参见《最高人民法院关于人民法院执行工作若干问题的规定（试行）》（法释〔1998〕15号）第69条，《人民法院办理执行案件规范》第631条。
② 参见《最高人民法院关于人民法院执行工作若干问题的规定（试行）》（法释〔1998〕15号）第66条，《人民法院办理执行案件规范》第628条。
③ 参见《最高人民法院关于人民法院执行工作若干问题的规定（试行）》（法释〔1998〕15号）第67条，《人民法院办理执行案件规范》第629条。
④ 参见《最高人民法院关于人民法院执行工作若干问题的规定（试行）》（法释〔1998〕15号）第68条，《人民法院办理执行案件规范》第630条。

行的，执行法院应通知该到期债权的执行法院协助冻结、提取、扣押被执行人的应得款物。

通知到期债权执行法院协助执行的，执行法院应向该到期债权执行法院送达冻结、提取、扣押裁定书和协助执行通知书。①

61. 未到期债权的执行

未到期债权，执行法院可以依法冻结，待债权到期后参照到期债权的规定执行。次债务人仅以该债务未到期为由提出异议的，不影响对该债权的冻结。②

九、知识产权

（一）专利权、专利申请权

62. 专利权、专利申请权可冻结的判断标准及冻结期限

62-1 专利权

专利权符合下列情形之一的，执行法院可以冻结：

（一）登记在被执行人名下的；③

（二）登记在第三人名下，但第三人书面确认或者生效法律

---

① 参见《人民法院办理执行案件规范》第632条。

② 参见《最高人民法院关于依法制裁规避执行行为的若干意见》（法〔2011〕195号）第13条，《人民法院办理执行案件规范》第633条。

③ 参见《最高人民法院关于人民法院民事执行中查封、扣押、冻结财产的规定》（法释〔2004〕15号）第二条第一款，《人民法院办理执行案件规范》第353条第1款。

文书认定属于被执行人。①

专利权人与被许可人已签订独占实施许可合同的，不影响对该专利权的冻结。②

62-2 专利申请权

被执行人已经向国家知识产权局提出专利申请的，执行法院可对其专利申请权进行冻结。③

62-3 冻结期限

冻结专利权、专利申请权的期限不得超过三年。④

63. 作出裁定、制作协助执行通知书

决定冻结专利权或专利申请权的，执行法院应当制作冻结裁定书、协助冻结专利权或专利申请权通知书。⑤

64. 通知国务院专利行政管理部门协助执行

冻结专利权、专利申请权的，执行人员应当通知国务院专利

---

① 参见《中华人民共和国物权法》（2007年3月16日）第二十八条，《最高人民法院关于人民法院民事执行中查封、扣押、冻结财产的规定》（法释〔2004〕15号）第二条第三款，《人民法院办理执行案件规范》第353条第3款。

② 参见《最高人民法院关于审理专利纠纷案件适用法律问题的若干规定》（法释〔2015〕4号）第十三条第三款，《人民法院办理执行案件规范》第582条。

③ 参见《最高人民法院对国家知识产权局〈关于征求对协助执行专利申请权财产保全裁定的意见的函〉的答复意见》（〔2000〕民三函字第1号）第一条，《人民法院办理执行案件规范》第581条第1款。

④ 参照《最高人民法院关于适用〈中华人民共和国民事诉讼法〉的解释》（法释〔2015〕5号）第四百八十七条第一款，《人民法院办理执行案件规范》第579条第1款。

⑤ 参见《最高人民法院关于人民法院民事执行中查封、扣押、冻结财产的规定》（法释〔2004〕15号）第一条，《最高人民法院关于人民法院执行工作若干问题的规定（试行）》（法释〔1998〕15号）第50条第1款，《人民法院办理执行案件规范》第352条、第578条第1款。

行政管理部门（国家知识产权局专利局）协助执行。

通知国务院专利行政管理部门（国家知识产权局专利局）协助执行时，执行人员应出示工作证和执行公务证，并送达冻结裁定书、协助执行通知书。

冻结专利申请权的，协助执行通知书应载明要求冻结的专利申请的名称、申请人、申请号、冻结期限以及协助执行的内容，包括禁止变更著录事项、中止审批程序等。[1]

（二）注册商标专用权

65. 注册商标专用权可冻结的判断标准及冻结期限

注册商标专用权符合下列情形之一的，执行法院可以冻结：

（一）登记在被执行人名下的；[2]

（二）登记在第三人名下，但第三人书面确认或者生效法律文书认定属于被执行人的。[3]

---

[1] 参见《最高人民法院关于人民法院民事执行中查封、扣押、冻结财产的规定》（法释〔2004〕15号）第一条第二款，《最高人民法院关于人民法院执行工作若干问题的规定（试行）》（法释〔1998〕15号）第8条、第50条第1款，《最高人民法院关于审理专利纠纷案件适用法律问题的若干规定》（法释〔2015〕4号）第十三条第一款，《最高人民法院对国家知识产权局〈关于征求对协助执行专利申请权财产保全裁定的意见的函〉的答复意见》（〔2000〕民三函字第1号）第一条，《人民法院办理执行案件规范》第12条第1款、第352条第2款、第578条第1款、第580条、第581条第2款。

[2] 参见《最高人民法院关于人民法院民事执行中查封、扣押、冻结财产的规定》（法释〔2004〕15号）第二条第一款，《人民法院办理执行案件规范》第353条第1款。

[3] 参见《中华人民共和国物权法》（2007年3月16日）第二十八条，《最高人民法院关于人民法院民事执行中查封、扣押、冻结财产的规定》（法释〔2004〕15号）第二条第三款，《人民法院办理执行案件规范》第353条第3款。

冻结注册商标专用权的期限不得超过三年。①

66. 作出裁定、制作协助执行通知书

决定冻结注册商标专用权的，执行法院应当制作冻结裁定书、协助冻结注册商标专用权通知书。②

执行法院对被执行人名下某一注册商标执行时，应对其名下相同或类似商品上相同和近似的商标一并进行冻结。③

67. 通知国家工商行政管理总局商标局协助执行

冻结注册商标专用权的，执行人员应当通知国家工商行政管理总局商标局协助执行。

通知国家工商行政管理总局商标局协助执行时，执行人员应出示工作证和执行公务证，并送达冻结裁定书、协助执行通知书。④

协助执行通知书应载明要求国家工商行政管理总局商标局协助冻结的注册商标的名称、注册人、注册证号码、冻结期限以及协助执行的内容，包括禁止转让、注销注册商标、变更注册事项

---

① 参见《最高人民法院关于适用〈中华人民共和国民事诉讼法〉的解释》（法释〔2015〕5号）第四百八十七条第一款，《人民法院办理执行案件规范》第579条第1款。

② 参见《最高人民法院关于人民法院民事执行中查封、扣押、冻结财产的规定》（法释〔2004〕15号）第一条，《最高人民法院关于人民法院执行工作若干问题的规定（试行）》（法释〔1998〕15号）第50条第1款，《人民法院办理执行案件规范》第352条、第578条第1款。

③ 参见《最高人民法院关于对注册商标专用权进行财产保全和执行等问题的复函》（〔2001〕民三函字第3号）第四条，《人民法院办理执行案件规范》第584条。

④ 参见《最高人民法院关于人民法院民事执行中查封、扣押、冻结财产的规定》（法释〔2004〕15号）第一条第二款，《最高人民法院关于人民法院执行工作若干问题的规定（试行）》（法释〔1998〕15号）第8条、第50条第1款，《最高人民法院关于人民法院对注册商标权进行财产保全的解释》（法释〔2001〕1号）第一条，《人民法院办理执行案件规范》第12条第1款、第352条第2款、第578条第1款、第583条。

和办理商标权质押登记等事项。裁定书和协助执行通知书送达时发生法律效力。①

（三）著作权中的财产权

68. 著作权中的财产权可冻结的判断标准及冻结期限

著作同时符合下列情形的，执行法院可以冻结该著作的著作权中财产权部分：

（一）著作已发表；
（二）著作署名为被执行人。②

冻结著作权中的财产权的期限不得超过三年。③

69. 制作、送达裁定

决定冻结著作权中财产权的，执行法院应作出冻结裁定书，并送达被执行人和申请执行人。④

---

① 参见《最高人民法院关于人民法院民事执行中查封、扣押、冻结财产的规定》（法释〔2004〕15号）第一条第二款，《最高人民法院关于人民法院执行工作若干问题的规定（试行）》（法释〔1998〕15号）第8条、第50条第1款，《最高人民法院关于人民法院对注册商标权进行财产保全的解释》（法释〔2001〕1号）第一条，《人民法院办理执行案件规范》第12条第1款、第352条第2款、第578条第1款、第583条。

② 参见《最高人民法院关于人民法院民事执行中查封、扣押、冻结财产的规定》（法释〔2004〕15号）第二条第一款、第五条第（四）项，《人民法院办理执行案件规范》第353条第1款、第354条第（4）项。

③ 参见《最高人民法院关于适用〈中华人民共和国民事诉讼法〉的解释》（法释〔2015〕5号）第四百八十七条第一款，《人民法院办理执行案件规范》第579条第1款。

④ 参见《最高人民法院关于人民法院民事执行中查封、扣押、冻结财产的规定》（法释〔2004〕15号）第一条第一款，《人民法院办理执行案件规范》第352条第1款。

十、注意事项[①]

70. 禁止明显超标的查封

查封被执行人财产的,以其价额足以清偿法律文书确定的债权额及执行费用为限,不得明显超标的额查封。

发现超标的额查封的,执行法院应当根据被执行人的申请或者依职权及时解除对超标的额部分财产的查封,但该财产为不可分物且被执行人无其他可供执行的财产或者其他财产不足以清偿债务的除外。[②]

71. 不得查封财产的一般范围

执行法院对下列财产不得查封:

(一)被执行人及其所扶养家属生活所必需的衣服、家具、炊具、餐具及其他家庭生活必需的物品;

(二)被执行人及其所扶养家属所必需的生活费用。当地有最低生活保障标准的,必需的生活费用依照该标准确定;

(三)被执行人及其所扶养家属完成义务教育所必需的物品;

(四)未公开的发明或者未发表的著作;

(五)被执行人及其所扶养家属用于身体缺陷所必需的辅助工具、医疗物品;

(六)被执行人所得的勋章及其他荣誉表彰的物品;

(七)根据《中华人民共和国缔结条约程序法》,以中华人民共和国、中华人民共和国政府或者中华人民共和国政府部门名

[①] "注意事项"部分条文中的"查封"指"查封、扣押、冻结"。

[②] 参见《最高人民法院关于人民法院民事执行中查封、扣押、冻结财产的规定》(法释〔2004〕15号)第二十一条,《人民法院办理执行案件规范》第368条。

义同外国、国际组织缔结的条约、协定和其他具有条约、协定性质的文件中规定免于查封的财产；

（八）法律及司法解释规定的其他不得查封的财产。①

72. 从物和孳息的查封

查封、扣押的效力及于查封、扣押物的从物和天然孳息。②

查封财产法定孳息的，应在相关执行文书中明确载明，法律、司法解释规定查封效力及于法定孳息的除外。③

73. 共有财产的查封

执行法院可以查封被执行人与其他人共有的财产，但应及时通知共有人。

共有人协议分割共有财产，并经债权人认可的，可以认定有效。查封的效力及于协议分割后被执行人享有份额内的财产；对其他共有人享有份额内的财产的查封，应当裁定予以解除。

共有人提起析产诉讼或者申请执行人代位提起析产诉讼的，执行法院应当准许。诉讼期间中止对该财产的执行。④

---

① 参见《最高人民法院关于人民法院民事执行中查封、扣押、冻结财产的规定》（法释〔2004〕15号）第五条，《人民法院办理执行案件规范》第354条。
② 参见《最高人民法院关于人民法院民事执行中查封、扣押、冻结财产的规定》（法释〔2004〕15号）第二十二条，《人民法院办理执行案件规范》第369条第1款。
③ 参见《人民法院办理执行案件规范》第369条第2款。
④ 参见《最高人民法院关于人民法院民事执行中查封、扣押、冻结财产的规定》（法释〔2004〕15号）第十四条，《人民法院办理执行案件规范》第360条。

74. 涉第三人财产的查封

74-1 第三人占有财产的查封

74-1-1 第三人为被执行人的利益占有的情形

第三人为被执行人的利益占有被执行人财产的，执行法院可作如下处理：

（一）查封该财产；

（二）需要指定给第三人继续保管的，告知其不得将该财产交付给被执行人。①

74-1-2 第三人为自己的利益依法占有的情形

第三人为自己的利益占有被执行人财产的，执行法院可作如下处理：

（一）查封该财产；

（二）告知第三人可以继续占有和使用该财产，但不得将其交付给被执行人，第三人无偿借用被执行人的财产的除外。②

74-2 被执行人出卖但保留所有权的财产（非不动产）的查封

74-2-1 一般原则

被执行人将其财产出卖给第三人，第三人已支付部分价款并实际占有该财产，但根据合同约定被执行人继续保留所有权的，

---

① 参见《最高人民法院关于人民法院民事执行中查封、扣押、冻结财产的规定》（法释〔2004〕15号）第十五条第一款，《人民法院办理执行案件规范》第361条第1款。

② 参见《最高人民法院关于人民法院民事执行中查封、扣押、冻结财产的规定》（法释〔2004〕15号）第十五条第二款，《人民法院办理执行案件规范》第361条第2款。

执行法院可以查封。

74-2-2 第三人要求继续履行合同的情形

第三人要求继续履行合同的，执行法院作如下处理：

（一）通知第三人在合理期限内向执行法院交付全部余款；

（二）第三人交付全部余款后，裁定解除查封。①

74-3 被执行人出卖需办理过户登记的财产的查封

被执行人将其所有的需要办理过户登记的财产出卖给第三人，第三人已经支付部分或者全部价款并实际占有该财产，但尚未办理产权过户登记手续的，人民法院可以查封、扣押、冻结；第三人已经支付全部价款并实际占有，但未办理过户登记手续的，如果第三人对此没有过错，人民法院不得查封、扣押、冻结。②

74-4 被执行人购买的第三人保留所有权财产（非不动产）的查封

74-4-1 第三人未依法解除合同的情形

第三人未依法解除合同，有下列情形之一的，执行法院可以查封第三人保留所有权财产：

（一）申请执行人已向第三人支付剩余价款的；

（二）第三人书面同意剩余价款从该财产变价款中优先支付的。

74-4-2 第三人依法解除合同的情形

第三人依法解除合同的，执行法院作如下处理：

---

① 参见《最高人民法院关于人民法院民事执行中查封、扣押、冻结财产的规定》（法释〔2004〕15号）第十六条，《人民法院办理执行案件规范》第362条。

② 参见《最高人民法院关于人民法院民事执行中查封、扣押、冻结财产的规定》（法释〔2004〕15号）第十七条，《人民法院办理执行案件规范》第363条。

（一）对相关财产解除已经采取的查封措施；

（二）依据对债权执行的程序规定，执行被执行人因合同解除而享有的债权。①

74-5 被执行人购买但未过户财产的查封

被执行人购买需要办理过户登记但未过户的财产，有下列情形之一的，执行法院可以查封：

（一）申请执行人已向第三人支付剩余价款的；

（二）第三人同意剩余价款从该财产变价款中优先支付的。②

75. 最高额抵押财产的查封

查封的财产系被执行人设定了最高额抵押权的财产的，执行法院应当立即通知抵押权人。③

76. 第三人未经允许占有查封财产的处理

第三人未经执行法院准许占有查封的财产或者实施其他有碍执行的行为的，执行法院可以依据申请执行人的申请或者依职权解除其占有或者排除其妨害。④

---

① 参见《最高人民法院关于人民法院民事执行中查封、扣押、冻结财产的规定》（法释〔2004〕15 号）第十八条，《人民法院办理执行案件规范》第 364 条。

② 参见《最高人民法院关于人民法院民事执行中查封、扣押、冻结财产的规定》（法释〔2004〕15 号）第十九条，《人民法院办理执行案件规范》第 365 条。

③ 参见《最高人民法院关于人民法院民事执行中查封、扣押、冻结财产的规定》（法释〔2004〕15 号）第二十七条第一款，《人民法院办理执行案件规范》第 373 条第 1 款。

④ 参见《最高人民法院关于人民法院民事执行中查封、扣押、冻结财产的规定》（法释〔2004〕15 号）第二十六条第二款，《人民法院办理执行案件规范》第 372 条第 2 款。

77. 续行查封

77-1 续行查封告知

执行法院查封财产后,告知申请执行人下列内容:
(一)查封期限届满日;
(二)申请续行查封财产的,应当在查封期限届满七日前向执行法院提出;
(三)逾期申请或者不申请的,自行承担不能续行查封的法律后果。①

77-2 续行查封的期限

续行冻结被执行人的银行存款的期限不得超过一年,续行查封、扣押动产的期限不得超过两年,续行查封不动产、冻结其他财产权的期限不得超过三年。②

78. 轮候查封

78-1 轮候查封的情形

已被人民法院查封的财产,其他人民法院可以进行轮候查封。③

同一法院在不同案件中需要对同一财产查封的,应当分别采

---

① 参见《最高人民法院关于人民法院办理财产保全案件若干问题的规定》(法释〔2016〕22号)第十八条,《人民法院办理执行案件规范》第375条。
② 参见《最高人民法院关于适用〈中华人民共和国民事诉讼法〉的解释》(法释〔2015〕5号)第四百八十七条第一款、第二款,《人民法院办理执行案件规范》第374条第1款、第2款。
③ 参见《最高人民法院关于人民法院民事执行中查封、扣押、冻结财产的规定》(法释〔2004〕15号)第二十八条,《人民法院办理执行案件规范》第376条第1款。

取查封措施。①

78-2 轮候查封的办理流程

78-2-1 财产有登记

财产有登记的，执行法院根据财产种类、性质，按照本章规定的程序，通知有关登记机关办理登记手续。②

78-2-2 财产未登记

其他人民法院对没有登记的财产进行轮候查封的，应当制作笔录，并经实施查封的人民法院执行人员及被执行人签名，或者书面通知实施查封的人民法院。被执行人拒绝签名的，记入笔录。③

78-3 查明首封情况

办理轮候查封时，根据案件需要，可以查明首先查封的情况。

78-4 轮候查封的期限

轮候查封自转为正式查封后之日起开始计算查封期限。

执行法院在办理轮候查封措施时，可以在协助执行通知书中载明轮候查封转为正式查封后的查封期限。④

---

① 参见《最高人民法院关于同一法院在不同案件中是否可以对同一财产采取轮候查封、扣押、冻结保全措施问题的答复》（〔2005〕执他字第24号），《人民法院办理执行案件规范》第376条第4款。

② 参见《最高人民法院关于人民法院民事执行中查封、扣押、冻结财产的规定》（法释〔2004〕15号）第二十八条第二款，《人民法院办理执行案件规范》第376条第2款。

③ 参见《最高人民法院关于人民法院民事执行中查封、扣押、冻结财产的规定》（法释〔2004〕15号）第二十八条，《人民法院办理执行案件规范》第376条第3款。

④ 参见《人民法院办理执行案件规范》第377条第2款、第3款。

78-5 轮候查封的续封

轮候查封不产生正式查封的效力，在转为正式查封前，无需续行查封。①

79. 查封物毁损灭失的处理

查封财产灭失或者毁损的，查封的效力及于该财产的替代物、赔偿款。执行法院应当及时作出查封该替代物、赔偿款的裁定。②

80. 查封解除

80-1 适用情形

符合下列情形之一的，执行法院应解除查封：
（一）查封案外人财产的；
（二）申请执行人撤回执行申请或者放弃债权的；
（三）查封的财产流拍或者变卖不成，申请执行人和其他执行债权人又不同意接受抵债的；
（四）债务已经清偿的；
（五）被执行人提供担保且申请执行人同意解除查封的；
（六）人民法院认为应当解除查封的其他情形。③

---

① 参见《人民法院办理执行案件规范》第377条第1款。
② 参见《最高人民法院关于人民法院民事执行中查封、扣押、冻结财产的规定》（法释〔2004〕15号）第二十四条，《人民法院办理执行案件规范》第370条。
③ 参见《最高人民法院关于人民法院民事执行中查封、扣押、冻结财产的规定》（法释〔2004〕15号）第三十一条第一款，《人民法院办理执行案件规范》第379条第1款。

80-2 查封解除的办理流程

解除查封措施，应当制作裁定，并送达申请执行人、被执行人或者案外人。解除以登记方式实施的查封的，应当向登记机关送达解除查封裁定书和协助执行通知书。①

解除对物品的查封措施的，除指定被执行人保管的外，应当自解除查封措施之日起十日内将物品发还给所有人或交付人。②

81. 另案确权、分割不影响执行

在执行程序中，被执行人通过另行诉讼、仲裁、公证等其他程序将人民法院已经查封的财产确权或者分割给案外人的，不影响人民法院执行程序的进行。执行法院不得以此为由解除财产的查封。案外人不服的，可以根据民事诉讼法第二百二十七条规定提出异议。③

---

① 参见《最高人民法院关于人民法院民事执行中查封、扣押、冻结财产的规定》（法释〔2004〕15号）第三十一条第二款，《人民法院办理执行案件规范》第379条第2款。

② 参见《最高人民法院关于执行款物管理工作的规定》（法发〔2017〕6号）第二十三条第一款，《人民法院办理执行案件规范》第380条第1款。

③ 参见《最高人民法院关于适用〈中华人民共和国民事诉讼法〉的解释》（法释〔2015〕5号）第四百七十九条，《人民法院办理执行案件规范》第381条。

第五章 财产处置

82. 财产变价方式

执行法院对查封、扣押、冻结的动产、不动产、股权、知识产权等财产,可以采取拍卖、变卖、强制管理等方式进行处置,原则上应首先采取拍卖的方式。①

决定处置查封、扣押、冻结财产的,执行法院应当作出裁定,并送达当事人。

83. 及时处置的要求

执行法院查封、扣押、冻结被执行人的财产后,应当依照下列期限,及时启动财产处置程序:②

(一)执行程序中首先查封的,于查封之日起三十日内启动。

(二)财产保全中首先查封的,于执行立案之日起三十日内启动。

(三)轮候查封的,于取得处置权之日起三十日内启动。

---

① 参见《最高人民法院关于人民法院民事执行中拍卖、变卖财产的规定》(法释〔2004〕16号)第二条、第三十四条,《最高人民法院关于适用〈中华人民共和国民事诉讼法〉的解释》(法释〔2015〕5号)第四百九十二条,《人民法院办理执行案件规范》第400条、第464条、第476条。

② 参见《最高人民法院关于人民法院民事执行中拍卖、变卖财产的规定》(法释〔2004〕16号)第一条,《人民法院办理执行案件规范》第382条。

确有合理理由的，可以不受上述期限的限制，但应当说明理由，并报局长或者相关负责人审批。

一、处置权

84. 首先查封法院处置原则

执行过程中，原则上应当由首先查封、扣押、冻结法院负责处分查封、扣押、冻结的财产。①

85. 非首封的优先债权执行法院取得处置权的情形

85-1 适用情形

满足下列条件时，优先债权执行法院可以要求首先查封法院将查封财产移送处置：

（一）已进入执行程序的债权对查封财产有顺位在先的担保物权、优先权；

（二）首先查封法院自查封之日起已超过六十日，对查封财产尚未发布拍卖公告或者进入变卖程序。②

85-2 移送程序和争议协调

85-2-1 向首封法院发送商请移送函

优先债权执行法院要求首先查封法院将查封财产移送执行

---

① 参见《最高人民法院关于首先查封法院与优先债权执行法院处分查封财产有关问题的批复》（法释〔2016〕6号）第一条，《人民法院办理执行案件规范》第383条第2款。

② 参见《最高人民法院关于首先查封法院与优先债权执行法院处分查封财产有关问题的批复》（法释〔2016〕6号）第一条，《人民法院办理执行案件规范》第384条。

的，应当出具商请移送执行函，并附确认优先债权的生效法律文书及案件情况说明。①

85-2-2 首封法院移送执行

首先查封法院应当在收到优先债权执行法院商请移送执行函之日起十五日内出具移送执行函，将查封财产移送优先债权执行法院执行，并告知当事人。②

首先查封法院的处置权协调事项由执行机构负责处理。

85-2-3 文书要求

商请移送执行函及移送执行函参照《最高人民法院关于首先查封法院与优先债权执行法院处分查封财产有关问题的批复》所附样式制作。③

85-2-4 争议协调

首先查封法院与优先债权执行法院就移送查封财产发生争议的，可以逐级报请双方共同的上级法院指定该财产的执行法院。④

85-3 处置权转移后的注意事项

查封财产移送执行后，继续查封和处分事项，以及财产变价后的清偿顺序分配，依照《最高人民法院关于首先查封法院与优

---

① 参见《最高人民法院关于首先查封法院与优先债权执行法院处分查封财产有关问题的批复》（法释〔2016〕6号）第二条第一款，《人民法院办理执行案件规范》第385条第1款。

② 参见《最高人民法院关于首先查封法院与优先债权执行法院处分查封财产有关问题的批复》（法释〔2016〕6号）第二条第二款，《人民法院办理执行案件规范》第385条第2款。

③ 参见《最高人民法院关于首先查封法院与优先债权执行法院处分查封财产有关问题的批复》（法释〔2016〕6号）附件1、2，《人民法院办理执行案件规范》第385条第3款。

④ 参见《最高人民法院关于首先查封法院与优先债权执行法院处分查封财产有关问题的批复》（法释〔2016〕6号）第四条第一款，《人民法院办理执行案件规范》第388条第1款。

先债权执行法院处分查封财产有关问题的批复》的规定办理。①

86. 轮候查封法院取得处置权的情形及办理

86-1 首先查封的法院系保全查封的情形

保全法院在首先采取查封措施后超过一年未对被保全财产进行处分的，除被保全财产系争议标的外，轮候查封的执行法院可以商请保全法院将被保全财产移送执行。②

86-2 首先查封法院系执行查封的情形

在执行程序中，首先查封法院无正当理由超过六个月未对查封财产进行处分，轮候查封法院可以商请首先查封法院将查封财产移送执行。③

当有多个轮候查封法院商请移送执行时，首先查封法院可以根据标的物是否具有优先权、标的物所在地、执行标的大小或案件数量、轮候查封法院的商请时间顺序、轮候查封的顺位等因素确定移送执行的法院。

86-3 参照适用

商请移送程序、移送财产争议协调以及其他事项，依照本指引第85-2条规定办理。

---

① 参见《最高人民法院关于首先查封法院与优先债权执行法院处分查封财产有关问题的批复》（法释〔2016〕6号）第三条、第四条，《人民法院办理执行案件规范》第386条、第387条。

② 参见《最高人民法院关于人民法院办理财产保全案件若干问题的规定》（法释〔2016〕22号）第二十一条，《人民法院办理执行案件规范》第389条。

③ 本条规定不限于《最高人民法院关于首先查封法院与优先债权执行法院处分查封财产有关问题的批复》第一条和《最高人民法院关于人民法院办理财产保全案件若干问题的规定》第二十一条规定的情形，轮候查封的债权也不限定于优先债权。

二、处置前的准备

87. 调查权属、占有使用情况

87-1 一般规定

需要进行评估的,执行法院在委托评估之前应当对评估标的的权属状况、占有使用情况进行必要的调查,制作财产现状的调查笔录或者收集其他有关资料。前述事项可以在财产调查、控制的阶段完成。

"权属状况、占有使用情况"一般是指标的物的所有权情况,共有、权属争议情况,有无设立担保物权等权利负担情况,占有租赁使用情况,附属设施情况等。[①]

87-2 收集资料

87-2-1 收集内容

执行法院应根据评估对象的不同,分别收集有关资料:

(一)评估对象为不动产的,一般需收集不动产权属登记、抵押、查封等资料,四至等不清的,需收集宗地图、规划图等;尚未办理产权登记的,一般需收集土地使用权的审批文件或者权利的取得证明等资料;系在建工程的,一般需收集建设用地规划许可证、建设工程规划许可证、建筑施工许可证、规划图、土地使用权登记材料、宗地图等资料。

(二)评估对象为登记的特殊动产的,一般需收集权属登记、

---

① 参见《最高人民法院关于人民法院民事执行中拍卖、变卖财产的规定》(法释〔2004〕16号)第十条,《人民法院办理执行案件规范》第391条第1款。

抵押、查封等资料；其他如机器设备等动产的，根据需要收集原始发票、品质证书等资料。

87-2-2 收集方式

已经办理产权登记的资料一般可以直接向相关登记管理部门调取。资料应当由当事人或相关第三人提供的，执行法院可以通知当事人或第三人提交，当事人或第三人不予提交的，可以强制提取。

对被执行人的股权进行评估时，可以责令有关企业提供会计报表等资料，有关企业拒不提供的，可以强制提取。①

87-3 现场勘查

需要对现场进行检查、勘验的，执行法院应责令被执行人、协助义务人予以配合。被执行人、协助义务人不予配合的，可以强制进行。②

88. 确定是否合并处置

88-1 一般判断原则

执行法院对可以分割处分的财产，应当在执行标的额的范围内分割处分。但多项财产在使用上不可分，或者分别处置可能严重减损其价值的，应当合并予以处置。③

---

① 参见《最高人民法院关于人民法院民事执行中拍卖、变卖财产的规定》（法释〔2004〕16号）第四条第三款，《人民法院办理执行案件规范》第391条第3款。

② 参见《最高人民法院关于适用〈中华人民共和国民事诉讼法〉的解释》（法释〔2015〕5号）第四百八十九条，《人民法院办理执行案件规范》第394条第1款。

③ 参见《最高人民法院关于人民法院民事执行中拍卖、变卖财产的规定》（法释〔2004〕16号）第十八条，《人民法院办理执行案件规范》第413条。

88-2 房地一体处分

在变价处理土地使用权、房屋时,应当对土地使用权和房屋一并处理。

建设用地使用权抵押后,该土地上新增的建筑物不属于抵押财产。该建设用地使用权实现抵押权时,应当将该土地上新增的建筑物与建设用地使用权一并处分,但新增建筑物所得的价款,抵押权人无权优先受偿。①

88-3 判断附属设施、配套是否一并执行

强制执行房屋时,消防、电梯、配电室、道路、绿化等相关配套设施,以及固定装修等属于房屋的组成部分,无法与房屋其他部分分离的,应当一并予以处置。

89. 查封、抵押后设定权利负担的处理

89-1 查封后擅自出租或有碍执行的处理

被执行人擅自出租已经查封的财产或者有其他有碍执行的行为,不得对抗申请执行人。

第三人未经执行法院准许占有查封的财产或者实施其他有碍执行的行为的,执行法院可以依据申请执行人的申请或者依职权解除其占有或者排除其妨害。②

---

① 参见《中华人民共和国物权法》(2007年3月16日)第二百条。
② 参见《最高人民法院关于人民法院民事执行中查封、扣押、冻结财产的规定》(法释〔2004〕15号)第二十六条,《人民法院办理执行案件规范》第372条第1款、第2款。

89-2 抵押后出租的处理

订立抵押合同前抵押财产已出租的，原租赁关系不受该抵押权的影响。

抵押权设立后抵押财产出租的，该租赁关系不得对抗已登记的抵押权。① 对抵押权的实现有影响的，执行法院应当依法将其除去。

89-3 虚假租赁的处理

承租人与被执行人恶意串通，以明显不合理的低价承租被执行的不动产或者伪造交付租金证据的，对其提出的阻止移交占有的请求，执行法院不予支持。②

---

① 参见《中华人民共和国物权法》（2007年3月16日）第一百九十条。
② 参见《最高人民法院关于人民法院办理执行异议和复议案件若干问题的规定》（法释〔2015〕10号）第三十一条第一款、第二款，《人民法院办理执行案件规范》第576条第2款。在实践中，执行机构审查租赁合同是否签订于案涉房屋抵押、查封前，可结合下述情形予以审查判断：如果在抵押、查封前，租赁合同的当事人已经根据《中华人民共和国城市房地产管理法》第五十四条、住房和城乡建设部制定的《商品房屋租赁管理办法》（住房和城乡建设部令第6号）第十四条、第十九条的规定办理了租赁登记备案手续的，执行机构应当认定租赁合同签订于抵押、查封前。经审查发现有下列情形之一的，一般也可认定租赁合同签订于抵押、查封前：（1）租赁合同的当事人在抵押、查封前已就相应租赁关系提起诉讼或仲裁的；（2）租赁合同的当事人在抵押、查封前已办理租赁合同公证的；（3）有其他确切证据证明租赁合同签订于抵押、查封前的，如租赁合同当事人已在抵押、查封前缴纳相应租金税，在案涉房屋所在物业公司办理租赁登记，向抵押权人声明过租赁情况等。执行机构审查案外人是否在抵押、查封前已经占有且至今占有案涉房屋，可结合下列情形审查认定案外人在抵押、查封前已经占有且至今占有案涉房屋：（1）案外人在抵押、查封前已经在且至今仍在案涉房屋内生产经营的；（2）案外人在抵押、查封前已经领取以案涉房屋作为住所地的营业执照且至今未变更住所地的；（3）案外人在抵押、查封前已经由其且至今仍由其支付案涉房屋水电、物业管理等费用的；（4）案外人在抵押、查封前已经对案涉房屋根据租赁用途进行装修的；（5）案外人提供其他确切证据证明其已在抵押、查封前直接占有案涉房屋的。

89-4 承租人占有的除去

经审查，需要对承租人的占有除去的，执行法院可以用裁定的方式除去。但在裁定中，仅应指出租赁合同不得对抗申请执行人，不宜直接认定租赁合同无效或解除租赁合同。[①]

90. 强制迁出

90-1 决定是否强制迁出

对于查封的房屋或者土地，执行法院在处置前可要求被执行人或者其他人迁出。

承租人或者被执行人通过交纳保证金或其他形式，足以保证其不会影响评估、拍卖程序进行，在拍卖成交后配合执行法院定期腾空或者交付，且不影响房屋处置价值的，执行法院在房屋移送评估、拍卖前不必一律要求腾空。

90-2 强制迁出的办理

需要强制迁出房屋或者土地的，依照本指引第183~186条规定办理。

90-3 强制迁出前的评估

执行法院已裁定除去租赁并且需要强制迁出的，但实际尚未强制迁出前，可以根据除去租赁后的状态先行予以评估。

[①] 参见《最高人民法院关于人民法院能否在执行程序中以被执行人擅自出租查封房产为由认定该租赁合同无效或解除该租赁合同的答复》（〔2009〕执他字第7号），《人民法院办理执行案件规范》第575条。

三、委托评估

91. 确定是否评估

对拟拍卖的财产，执行法院应当及时委托具有相应资质的评估机构进行价格评估。但下述情形除外：

（一）对于财产价值较低或者价格依照通常方法容易确定的，可以不进行评估。

（二）当事人双方及其他执行债权人申请不进行评估的，执行法院应当准许。[①]

92. 移送评估

决定启动委托评估程序的，执行人员应当填写《委托评估移送表》，并附评估标的物的财产清单、权属资料等评估所需的材料，移送给相关部门委托评估。

93. 选择评估机构

选择评估机构，采用随机方式或者法律规定的其他方式确定。[②]

94. 评估机构现场勘验

评估机构在工作中需要对现场进行检查、勘验等评估作业时，应当提前通知当事人到场。当事人不到场的，不影响检查、

[①] 参见《最高人民法院关于人民法院民事执行中拍卖、变卖财产的规定》（法释〔2004〕16号）第四条第一款、第二款，《人民法院办理执行案件规范》第390条。

[②] 参见《最高人民法院关于人民法院委托评估、拍卖工作的若干规定》（法释〔2011〕21号）第三条，《人民法院办理执行案件规范》第392条第1款。

勘验的进行，但应当由见证人见证。评估机构勘验现场，应当制作现场勘验笔录。勘验现场人员、当事人或见证人应当在勘验笔录上签名或盖章确认。①

95. 审查评估报告

95-1 审查的内容

执行人员收到评估报告后，应审查下列内容：
（一）评估报告的内容是否齐备；
（二）评估报告是否按委托要求作出；
（三）评估报告对评估标的物的描述是否准确、真实；
（四）评估机构及评估人员的资质证书是否与登记相符；
（五）其他依法应当审查的内容。

95-2 评估程序明显错误的处理

执行法院收到评估报告后，发现评估机构或评估人员不具备相应的评估资质、评估程序严重违法的，可以决定重新评估。重新评估应当另行确定评估机构。

96. 发送评估报告

96-1 发送及事项告知

执行法院收到评估机构作出的评估报告后，应当在五日内将评估报告发送当事人及其他利害关系人。

发送评估报告时，应一并告知当事人或者利害关系人，对评

---

① 参见《最高人民法院关于人民法院委托评估、拍卖和变卖工作的若干规定》（法释〔2009〕16号）第十二条，《人民法院办理执行案件规范》第394条第2款。

估报告有异议的,可以在收到评估报告后十日内以书面形式提出。①

96-2 发送对象下落不明的处理

被执行人或者其他利害关系人下落不明,可以采取被执行人的近亲属转交、张贴在被执行人所在的自然村或小区公共活动场所、邮寄至生效法律文书载明的被执行人住所地等适当方式送达,无须公告送达。②

97. 处理评估报告异议

97-1 对评估报告内容异议的处理

当事人或者利害关系人在收到评估报告后十日内对评估价格或评估方法等内容提出书面异议的,执行法院应及时转交评估机构对异议内容进行复核。

评估机构复核发现评估报告存在错误的,应当及时作出修正;评估机构认为评估报告无错误的,应当作出书面说明。

执行法院应将修正后的评估报告或者书面说明,发送当事人或者其他利害关系人。③

97-2 对评估资质或评估程序异议的处理

当事人或者其他利害关系人有证据证明评估机构、评估人员不具备相应的评估资质或者评估程序严重违法而申请重新评估

---

① 参见《最高人民法院关于人民法院民事执行中拍卖、变卖财产的规定》(法释〔2004〕16号)第六条第一款,《人民法院办理执行案件规范》第397条第1款。

② 参见《最高人民法院对山东高院关于案件执行中涉及有关财产评估、变卖等问题的请示的复函》(〔2002〕执他字第14号),《人民法院办理执行案件规范》第397条第2款。

③ 参见《人民法院办理执行案件规范》第398条第1款。

的，执行法院应当准许。重新评估应当另行确定评估机构。[1]

98. 评估报告有效期

98-1 启动拍卖程序后过期

评估报告的有效期按照评估报告载明的期限确定。进入拍卖程序后，评估报告有效期届满不影响后续拍卖、变卖和以物抵债程序的继续进行。但拍卖时间过长或市场行情发生重大变化的，应当重新评估，按重新评估的价格进行拍卖。[2]

98-2 启动拍卖程序时已过期

评估报告已经过期，执行法院不可再依该报告确定拍卖、变卖保留价，但申请执行人、已知的其他执行债权人与被执行人均无异议的情况下除外。[3]

四、拍卖

99. 拍卖的启动

99-1 启动拍卖的期限

当事人对评估报告无异议，或者在收到评估报告十日内未提出异议的，执行法院应当在十五日内启动拍卖程序。

---

[1] 参见《最高人民法院关于人民法院民事执行中拍卖、变卖财产的规定》（法释〔2004〕16号）第六条第二款，《人民法院办理执行案件规范》第398条第2款。
[2] 参见《人民法院办理执行案件规范》第399条第1款。
[3] 参见《人民法院办理执行案件规范》第399条第2款。

99-2 拍卖方式的选择

执行法院以拍卖方式处置财产的，应当采取网络司法拍卖方式，但法律、行政法规和司法解释规定必须通过其他途径处置，或者不宜采用网络拍卖方式处置的除外。①

执行法院决定采用委托拍卖方式的，应当经院领导审批同意后，移送给相关部门办理。② 委托拍卖适用《最高人民法院关于人民法院民事执行中拍卖、变卖财产的规定》。

100. 选择司法拍卖网络服务提供者

采取网络司法拍卖的，应当确定网络服务提供者。

网络服务提供者由申请执行人从司法拍卖网络服务提供者名单库中选择；未选择或者多个申请执行人的选择不一致的，由执行法院指定。③

网络服务提供者一般由申请执行人在立案时选择。

101. 制作文字说明、视频、照片等资料

执行法院根据实际需要，制作拍卖财产权属、占有使用、附随义务等现状的文字说明、视频或者照片。

前述事项可以委托社会机构或者组织承担。社会机构或组

---

① 参见《最高人民法院关于人民法院网络司法拍卖若干问题的规定》（法释〔2016〕18号）第二条，《人民法院办理执行案件规范》第401条第1款。

② 参见《最高人民法院关于认真学习贯彻适用〈最高人民法院关于人民法院网络司法拍卖若干问题的规定〉的通知》（法〔2016〕431号）第二条第（二）项，《人民法院办理执行案件规范》第401条第2款。

③ 参见《最高人民法院关于人民法院网络司法拍卖若干问题的规定》（法释〔2016〕18号）第五条，《人民法院办理执行案件规范》第430条。

织承担网络司法拍卖辅助工作所支出的必要费用由被执行人承担。①

102. 确定保留价、竞价增价幅度、保证金数额

102-1 合议庭确定原则

起拍价、竞价增价幅度、保证金数额等事项由合议庭评议后确定。②

102-2 确定保留价

102-2-1 保留价确定的一般原则

网络司法拍卖应当确定保留价，拍卖保留价即为起拍价。执行法院参照评估价确定起拍价；未作评估的，参照市价确定，并征询当事人意见。起拍价不得低于评估价或者市价的百分之七十。③

102-2-2 可能无益拍卖情形下保留价的确定

保留价确定后，依据本次拍卖保留价计算，拍卖所得价款在清偿优先债权和强制执行费用后无剩余可能的，应当在实施拍卖前将有关情况通知申请执行人。申请执行人于收到通知后五日内申请继续拍卖的，执行法院应当准许，但应当重新确定保留价；重新确定的保留价应当大于该优先债权及强制执行费用的总额。

---

① 参见《最高人民法院关于人民法院网络司法拍卖若干问题的规定》（法释〔2016〕18号）第七条第一款第（一）项、第二款，《人民法院办理执行案件规范》第433条第1款第（1）项、第2款。

② 参见《最高人民法院关于人民法院网络司法拍卖若干问题的规定》（法释〔2016〕18号）第二十七条，《人民法院办理执行案件规范》第453条。

③ 参见《最高人民法院关于人民法院网络司法拍卖若干问题的规定》（法释〔2016〕18号）第十条，《人民法院办理执行案件规范》第436条。

依照前款规定流拍的,拍卖费用由申请执行人负担。①

102-3 确定竞价增价幅度

竞价增价幅度参考以下标准确定:

(一)起拍价为 10 万元以下(含 10 万元)的标的物,加价幅度不宜超过起拍价的 2%;

(二)起拍价为 10 万元至 100 万元(含 100 万元)的标的物,加价幅度不宜超过起拍价的 1%;

(三)起拍价为 100 万元以上的标的物,加价幅度不宜超过起拍价的 0.5%。②

102-4 确定保证金数额

保证金数额在起拍价的百分之五至百分之二十范围内确定。③

103. 通知当事人、已知优先购买权人

网络司法拍卖的事项应当在拍卖公告发布三日前以书面或者其他能够确认收悉的合理方式,通知当事人、已知优先购买权人。权利人书面明确放弃权利的,可以不通知。无法通知的,应当在网络司法拍卖平台公示并说明无法通知的理由,公示满五日视为已经通知。

优先购买权人经通知未参与竞买的,视为放弃优先购买权。④

---

① 参见《最高人民法院关于人民法院民事执行中拍卖、变卖财产的规定》(法释〔2004〕16 号)第九条,《人民法院办理执行案件规范》第 405 条。

② 参见《最高人民法院关于进一步规范人民法院网络司法拍卖工作的通知》〔法明传(2017)253 号〕第三条。

③ 参见《最高人民法院关于人民法院网络司法拍卖若干问题的规定》(法释〔2016〕18 号)第十七条第一款,《人民法院办理执行案件规范》第 443 条第 1 款。

④ 参见《最高人民法院关于人民法院网络司法拍卖若干问题的规定》(法释〔2016〕18 号)第十六条,《人民法院办理执行案件规范》第 442 条。

104. 制作、发布拍卖公告及相关提示

104-1 制作、发布拍卖公告

104-1-1 公告内容

拍卖公告应当包括拍卖财产、价格、保证金、竞买人条件、拍卖财产已知瑕疵、相关权利义务、法律责任、拍卖时间、网络平台和拍卖法院等信息。①

104-1-2 公告途径

网络司法拍卖应当先期公告，拍卖公告除通过法定途径发布外，还应同时在网络司法拍卖平台发布。②

104-1-3 公告期限

拍卖动产的，应当在拍卖十五日前公告；拍卖不动产或者其他财产权的，应当在拍卖三十日前公告。③

104-2 信息公示

实施网络司法拍卖的，执行法院应当在拍卖公告发布当日通过网络司法拍卖平台公示下列信息：

（一）拍卖公告；

（二）执行所依据的法律文书，但法律规定不得公开的除外；

（三）评估报告副本，或者未经评估的定价依据；

（四）拍卖时间、起拍价以及竞价规则；

---

① 参见《最高人民法院关于人民法院网络司法拍卖若干问题的规定》（法释〔2016〕18号）第十二条第二款，《人民法院办理执行案件规范》第438条第3款。

② 参见《最高人民法院关于人民法院网络司法拍卖若干问题的规定》（法释〔2016〕18号）第十二条第一款，《人民法院办理执行案件规范》第438条第1款。

③ 参见《最高人民法院关于人民法院网络司法拍卖若干问题的规定》（法释〔2016〕18号）第十二条第一款，《人民法院办理执行案件规范》第438条第2款。

（五）拍卖财产权属、占有使用、附随义务等现状的文字说明、视频或者照片等；

（六）优先购买权主体以及权利性质；

（七）通知或者无法通知当事人、已知优先购买权人的情况；

（八）拍卖保证金、拍卖款项支付方式和账户；

（九）拍卖财产产权转移可能产生的税费及承担方式；

（十）执行法院名称，联系、监督方式等；

（十一）其他应当公示的信息。①

104-3 特别提示

实施网络司法拍卖的，执行法院应当在拍卖公告发布当日通过网络司法拍卖平台对下列事项予以特别提示：

（一）竞买人应当具备完全民事行为能力，法律、行政法规和司法解释对买受人资格或者条件有特殊规定的，竞买人应当具备规定的资格或者条件；

（二）委托他人代为竞买的，应当在竞价程序开始前经人民法院确认，并通知网络服务提供者；

（三）拍卖财产已知瑕疵和权利负担；

（四）拍卖财产以实物现状为准，竞买人可以申请实地看样；

（五）竞买人决定参与竞买的，视为对拍卖财产完全了解，并接受拍卖财产一切已知和未知瑕疵；

（六）载明买受人真实身份的拍卖成交确认书在网络司法拍卖平台上公示；

（七）买受人悔拍后保证金不予退还。②

---

① 参见《最高人民法院关于人民法院网络司法拍卖若干问题的规定》（法释〔2016〕18号）第十三条，《人民法院办理执行案件规范》第439条。

② 参见《最高人民法院关于人民法院网络司法拍卖若干问题的规定》（法释〔2016〕18号）第十四条，《人民法院办理执行案件规范》第440条。

104-4 瑕疵担保责任的免除

执行法院按照上述要求予以公示和特别提示，且在拍卖公告中声明不能保证拍卖财产真伪或者品质的，不承担瑕疵担保责任。①

105. 展示、接受咨询、引领查看

实施网络司法拍卖的，执行法院根据实际需要，进行展示拍卖财产、接受咨询、引领查看、封存样品等事项。

上述工作可以委托社会机构或者组织承担，所支出的必要费用由被执行人承担。②

106. 确定竞买人及优先购买权人

106-1 确认保证金的交纳情况

竞买人应当在参加拍卖前以实名交纳保证金，未交纳的，不得参加竞买。申请执行人参加竞买的，可以不交保证金；但债权数额小于保证金数额的，按差额部分交纳。

交纳保证金，竞买人可以向人民法院指定的账户交纳，也可以由网络服务提供者在其提供的支付系统中对竞买人的相应款项予以冻结。③

---

① 参见《最高人民法院关于人民法院网络司法拍卖若干问题的规定》（法释〔2016〕18号）第十五条，《人民法院办理执行案件规范》第441条第2款。

② 参见《最高人民法院关于人民法院网络司法拍卖若干问题的规定》（法释〔2016〕18号）第七条第一款第（二）项、第二款，《人民法院办理执行案件规范》第433条第1款第（2）项，第2款。

③ 参见《最高人民法院关于人民法院网络司法拍卖若干问题的规定》（法释〔2016〕18号）第十七条第二款、第三款，《人民法院办理执行案件规范》第443条第2款、第3款。

106-2 确定竞买人资格

竞买人在拍卖竞价程序结束前交纳保证金,经人民法院或者网络服务提供者确认后取得竞买资格。网络服务提供者应当向取得资格的竞买人赋予竞买代码、参拍密码,竞买人以该代码参与竞买。

网络司法拍卖竞价程序结束前,人民法院及网络服务提供者对竞买人以及其他能够确认竞买人真实身份的信息、密码等,应当予以保密。①

106-3 确认优先购买权人

106-3-1 必须经过确认原则

优先购买权人经人民法院确认后,取得优先竞买资格以及优先竞买代码、参拍密码,并以优先竞买代码参与竞买;未经确认的,不得以优先购买权人身份参与竞买。

顺序不同的优先购买权人申请参与竞买的,人民法院应当确认其顺序,赋予不同顺序的优先竞买代码。②

106-3-2 确认程序

优先购买权人竞买资格及其顺序,执行法院应当依法组成合议庭评议确定。③

---

① 参见《最高人民法院关于人民法院网络司法拍卖若干问题的规定》(法释〔2016〕18号)第十八条,《人民法院办理执行案件规范》第444条。
② 参见《最高人民法院关于人民法院网络司法拍卖若干问题的规定》(法释〔2016〕18号)第十九条,《人民法院办理执行案件规范》第445条。
③ 参见《最高人民法院关于人民法院网络司法拍卖若干问题的规定》(法释〔2016〕18号)第二十七条,《人民法院办理执行案件规范》第453条。

106 -4 特定机构和人员竞买的禁止

实施网络司法拍卖的，下列机构和人员不得竞买并不得委托他人代为竞买与其行为相关的拍卖财产：

（一）负责执行的人民法院；

（二）网络服务提供者；

（三）承担拍卖辅助工作的社会机构或者组织；

（四）第（一）至（三）项规定主体的工作人员及其近亲属。[①]

107. 竞价、成交、流拍

竞买人通过网络司法拍卖平台进行竞价。拍卖成交的，由网络司法拍卖平台以买受人的真实身份自动生成确认书并公示。[②]

网络司法拍卖不限制竞买人数量。一人参与竞拍，出价不低于起拍价的，拍卖成交。[③]

网络司法拍卖竞价期间无人出价的，本次拍卖流拍。[④]

108. 拍卖后保证金的处理

拍卖成交后，买受人交纳的保证金可以充抵价款；其他竞买人交纳的保证金应当在竞价程序结束后二十四小时内退还或者解冻。

[①] 参见《最高人民法院关于人民法院网络司法拍卖若干问题的规定》（法释〔2016〕18号）第三十四条，《人民法院办理执行案件规范》第460条。

[②] 参见《最高人民法院关于人民法院网络司法拍卖若干问题的规定》（法释〔2016〕18号）第二十二条第一款，《人民法院办理执行案件规范》第448条。

[③] 参见《最高人民法院关于人民法院网络司法拍卖若干问题的规定》（法释〔2016〕18号）第十一条，《人民法院办理执行案件规范》第437条。

[④] 参见《最高人民法院关于人民法院网络司法拍卖若干问题的规定》（法释〔2016〕18号）第二十六条第一款，《人民法院办理执行案件规范》第452条第1款。

拍卖未成交的，竞买人交纳的保证金应当在竞价程序结束后二十四小时内退还或者解冻。①

109. 悔拍的处理

拍卖成交后买受人悔拍的，交纳的保证金不予退还，依次用于支付拍卖产生的费用损失、弥补重新拍卖价款低于原拍卖价款的差价、冲抵本案被执行人的债务以及与拍卖财产相关的被执行人的债务。

悔拍后重新拍卖的，仍按原拍次进行，原买受人不得参加竞买。②

110. 流拍后的抵债

110-1 抵债的允许

第一次拍卖流拍的，再次拍卖公告前，申请执行人或者其他执行债权人申请以该次的拍卖保留价接受财产抵债的，执行法院应当予以允许。③

110-2 多个执行债权人申请抵债的处理

有两个以上执行债权人申请以拍卖财产抵债的，由法定受偿顺位在先的债权人优先承受；受偿顺位相同的，以抽签方式决定

---

① 参见《最高人民法院关于人民法院网络司法拍卖若干问题的规定》（法释〔2016〕18号）第二十三条，《人民法院办理执行案件规范》第449条。
② 参见《最高人民法院关于人民法院网络司法拍卖若干问题的规定》（法释〔2016〕18号）第二十四条，《人民法院办理执行案件规范》第450条。
③ 参见《最高人民法院关于人民法院民事执行中拍卖、变卖财产的规定》（法释〔2004〕16号）第十九条第一款，《人民法院办理执行案件规范》第414条第1款。

承受人。①

110-3 差额补交

接受抵债的债权人应受清偿的债权额低于抵债财产的价额的，执行法院应当通知其在指定的期间内补交差额。②

111. 再次拍卖

111-1 确定降价幅度

再次拍卖的起拍价降价幅度不得超过前次起拍价的百分之二十，降价幅度应组成合议庭评议确定。③

111-2 制作、发布拍卖公告

无人申请抵债的，应当在流拍后三十日内在同一网络司法拍卖平台再次拍卖，拍卖动产的应当在拍卖七日前公告；拍卖不动产或者其他财产权的应当在拍卖十五日前公告。④

112. 再次流拍后抵债

再次拍卖流拍的，执行法院应当于十日内向申请执行人或者其他执行债权人询问是否以再次拍卖的保留价接受抵债。同意接

---

① 参见《最高人民法院关于人民法院民事执行中拍卖、变卖财产的规定》（法释〔2004〕16号）第十九条第二款，《人民法院办理执行案件规范》第414条第2款。

② 参见《最高人民法院关于人民法院民事执行中拍卖、变卖财产的规定》（法释〔2004〕16号）第十九条第二款，《人民法院办理执行案件规范》第414条第2款。

③ 参见《最高人民法院关于人民法院网络司法拍卖若干问题的规定》（法释〔2016〕18号）第二十六条第一款、第二十七条，《人民法院办理执行案件规范》第452条第1款、第453条。

④ 参见《最高人民法院关于人民法院网络司法拍卖若干问题的规定》（法释〔2016〕18号）第二十六条第一款，《人民法院办理执行案件规范》第452条第1款。

受的，执行法院应当裁定将流拍的标的物抵债。①

113. 抵债不成的变卖

113－1 变卖的启动

申请执行人或其他执行债权人不接受以再次拍卖的保留价抵债的，执行法院可以启动网络司法变卖程序。

113－2 确定网络司法变卖平台

采取网络司法变卖方式处置财产的，原则上沿用网拍程序使用的平台。

申请执行人在网拍再次流拍后十日内书面要求更换到名单库中的其他平台上实施的，执行法院应当准许。②

113－3 确定变卖价、竞价增价幅度、保证金数额

执行法院应组成合议庭，依照下述规定评议确定变卖价、竞价增价幅度、保证金数额等事项：

（一）网络司法变卖的变卖价为网络司法拍卖二拍流拍价。③

（二）竞价增价幅度参考本指引第 102－3 条规定确定。

（三）保证金数额在变卖价的百分之五至百分之二十范围内确定。

---

① 参见《最高人民法院关于认真做好网络司法拍卖与网络司法变卖衔接工作的通知》（法明传〔2017〕455 号）第二条。
② 参见《最高人民法院关于认真做好网络司法拍卖与网络司法变卖衔接工作的通知》（法明传〔2017〕455 号）第一条。
③ 参见《最高人民法院关于认真做好网络司法拍卖与网络司法变卖衔接工作的通知》（法明传〔2017〕455 号）第四条。

113-4 确定变卖期

网络司法变卖期为六十天，执行法院应当在公告中确定变卖期的开始时间。①

113-5 发布变卖公告

执行法院应当于网拍再次流拍之日起十五日内发布网络司法变卖公告。②

变卖动产的，应当在变卖期开始七日前公告；变卖不动产或者其他财产权的，应当在变卖期开始十五日前公告。变卖公告应当包括但不限于变卖财产、变卖价、变卖期、变卖期开始时间、变卖流程、保证金数额、加价幅度等内容，应当特别提示变卖成交后不交纳尾款的，保证金不予退还。③

113-6 竞买人资格的取得

竞买人交齐变卖价全款后，取得竞买资格。

竞买人可以向执行法院指定的账户交纳，也可以在变卖平台上在线报名并交纳。竞买人向执行法院指定账户交纳的，执行法院应当及时通过操作系统录入并推送给确定的变卖平台。④

113-7 变卖竞价

变卖期开始后，取得竞买资格的竞买人即可以出价。自第一

---

① 参见《最高人民法院关于认真做好网络司法拍卖与网络司法变卖衔接工作的通知》（法明传〔2017〕455号）第三条。

② 参见《最高人民法院关于认真做好网络司法拍卖与网络司法变卖衔接工作的通知》（法明传〔2017〕455号）第二条。

③ 参见《最高人民法院关于认真做好网络司法拍卖与网络司法变卖衔接工作的通知》（法明传〔2017〕455号）第三条。

④ 参见《最高人民法院关于认真做好网络司法拍卖与网络司法变卖衔接工作的通知》（法明传〔2017〕455号）第五条。

次出价开始进入二十四小时竞价程序,其他取得竞买资格的竞买人可在竞价程序内以递增出价方式参与竞买。

竞价程序参照《最高人民法院关于人民法院网络司法拍卖若干问题的规定》第二十条规定进行。竞价程序内无其他人出价的,变卖财产由第一次出价的竞买人竞得;竞价程序内有其他人出价的,变卖财产由竞价程序结束时最高出价者竞得。变卖成交的,竞价程序结束时变卖期结束。①

113-8 变卖悔拍的处理

经过竞价变卖成交后,买受人反悔不交纳尾款的,从所交纳变卖价款中扣留变卖公告中所确定的保证金不予退还,扣留的保证金参照本指引第109条规定处理。其余的款项②应退还给原买受人。

买受人反悔不交纳尾款导致人民法院重新变卖的,原买受人不得再次参与竞买。③

114. 变卖不成的处理

114-1 抵债

动产、不动产或者其他财产权经变卖无人买受的,申请执行

---

① 参见《最高人民法院关于认真做好网络司法拍卖与网络司法变卖衔接工作的通知》(法明传〔2017〕455号)第六条。

② 关于司法网络变卖,涉及到变卖价、保证金、尾款的交纳与处理,与司法网络拍卖不同,为便于理解,举例说明:变卖标的变卖价为100万元,设定保证金为20万元,此时买受人需全额缴足100万元方能取得竞买资格。变卖过程中,若买受人以150万元竞得,但未按期缴纳50万元尾款,执行法院据此重新变卖。执行法院扣留20万元保证金,并参照悔拍保证金的规定处理,不再予以退还。但执行法院应将扣除保证金后的款项80万元及时退还给原买受人。

③ 参见《最高人民法院关于认真做好网络司法拍卖与网络司法变卖衔接工作的通知》(法明传〔2017〕455号)第八条。

人或者其他执行债权人申请以再次拍卖所定的保留价接受财产的，执行法院应当裁定将该财产交其抵债。①

114-2 强制管理

申请执行人不接受抵债或者依法不能交付其抵债的，但该财产适宜管理，经申请执行人同意，且不损害其他债权人合法权益和社会公共利益的，执行法院可以将该财产交付申请执行人管理。②

执行法院也可以视情将财产交第三人管理，管理的收益在扣除管理费及其他必要费用后，用于清偿被执行人债务。

114-3 重新启动（评估）拍卖程序

申请执行人拒绝接收抵债或者管理的，执行法院可以根据市场价格变化时，对该项财产重新启动（评估）拍卖程序。③

114-4 解除查封、发还财产

申请执行人拒绝接收抵债或者管理的，又不适于重新启动（评估）拍卖等其他措施的，执行法院应裁定解除查封措施，并将该财产发还被执行人。④

---

① 参见《最高人民法院关于适用〈中华人民共和国民事诉讼法〉的解释》（法释〔2015〕5号）第四百九十二条，《人民法院办理执行案件规范》第472条。

② 参见《最高人民法院关于适用〈中华人民共和国民事诉讼法〉的解释》（法释〔2015〕5号）第四百九十二条，《人民法院办理执行案件规范》第476条。

③ 参见最高人民法院执行局《关于"转变执行作风、规范执行行为"专项活动中若干问题的解答》〔法（执）明传〔2014〕169号〕第7问，《人民法院办理执行案件规范》第422条第3款。

④ 参见《最高人民法院关于民事执行中拍卖、变卖财产的规定》（法释〔2004〕16号）第二十七条、第二十八条第二款，《人民法院办理执行案件规范》第421条、第422条第2款。

115. 所有权转移及交付

115-1 制作、送达成交（抵债）裁定

拍卖、变卖成交或者以流拍的财产抵债的，执行法院应当作出裁定。

执行法院应于拍卖、变卖价款或者需要补交的差价全额交付后十日内，向买受人或者接受抵债的申请执行人送达裁定。[①] 标的物所有权自裁定送达买受人或者接受抵债物的债权人时转移。[②]

115-2 交付财产

裁定拍卖、变卖成交或者以流拍的财产抵债后，除有依法不能移交的情形外，执行法院应当于裁定送达后十五日内，将财产移交买受人或者接受以物抵债的债权人。被执行人或者第三人占有财产应当移交而拒不移交的，强制执行。

强制执行的，依照本指引第183条至第186条规定办理。[③]

115-3 过户登记

需要办理有关财产权证照转移手续的，执行法院可以向有关单位发出协助执行通知书。[④]

---

① 参见《最高人民法院关于人民法院民事执行中拍卖、变卖财产的规定》（法释〔2004〕16号）第二十三条，《人民法院办理执行案件规范》第473条。
② 参见《最高人民法院关于适用〈中华人民共和国民事诉讼法〉的解释》（法释〔2015〕5号）第四百九十三条，《人民法院办理执行案件规范》第474条第1款。
③ 参见《最高人民法院关于人民法院民事执行中拍卖、变卖财产的规定》（法释〔2004〕16号）第三十条，《人民法院办理执行案件规范》第475条。
④ 参见《中华人民共和国民事诉讼法》（2017年6月27日第三次修正）第二百五十一条，《人民法院办理执行案件规范》第474条第2款。

116. 拍卖的暂缓、中止、停止、撤回、撤销

116-1 拍卖的暂缓、中止

网络司法拍卖竞价程序中,执行法院发现有应当暂缓、中止执行等情形的,应当决定暂缓或者裁定中止拍卖。

执行法院可以自行或者通知网络服务提供者停止拍卖。暂缓或者中止拍卖的,应当及时在网络司法拍卖平台公告原因或者理由。

暂缓拍卖期限届满或者中止拍卖的事由消失后,需要继续拍卖的,应当在五日内恢复拍卖。①

116-2 拍卖的停止

被执行人在拍卖日之前向人民法院提交足额金钱清偿债务要求停止拍卖,且愿意负担因拍卖支出的必要费用的,执行法院应当准许。②

拍卖多项财产时,其中部分财产卖得的价款足以清偿债务和支付被执行人应当负担的费用的,对剩余的财产应当停止拍卖。被执行人同意继续拍卖的,可以不停止拍卖。③

---

① 参见《最高人民法院关于人民法院网络司法拍卖若干问题的规定》(法释〔2016〕18号)第二十八条,《人民法院办理执行案件规范》第454条。
② 参见《最高人民法院关于人民法院民事执行中拍卖、变卖财产的规定》(法释〔2004〕16号)第二十二条,《人民法院办理执行案件规范》第417条。
③ 参见《最高人民法院关于人民法院民事执行中拍卖、变卖财产的规定》(法释〔2004〕16号)第十七条,《人民法院办理执行案件规范》第412条。

116-3 拍卖的撤回

116-3-1 撤回拍卖的情形

在拍卖开始前,有下列情形之一的,执行法院应当撤回拍卖:

(一)据以执行的生效法律文书被撤销的;
(二)申请执行人及其他执行债权人撤回执行申请的;
(三)被执行人全部履行了法律文书确定的金钱债务的;
(四)当事人达成了执行和解协议,不需要拍卖财产的;
(五)案外人对拍卖财产提出确有理由的异议;
(六)竞买人之间,竞买人与网络司法拍卖服务提供者之间恶意串通的;
(七)其他应当撤回拍卖的情形。①

116-3-2 撤回的办理

撤回拍卖的,执行法院应当自行或者通知网络服务提供者从拍卖平台上关闭竞拍通道,并公告原因。对于已经报名的竞买人交纳的保证金,应在二十四小时内退还或者解冻。

116-4 拍卖的撤销

当事人、利害关系人提出异议请求撤销网络司法拍卖,符合《最高人民法院关于人民法院网络司法拍卖若干问题的规定》第三十一条规定的情形之一的,执行法院应当支持。②

---

① 参见《最高人民法院关于人民法院民事执行中拍卖、变卖财产的规定》(法释〔2004〕16号)第二十条,《人民法院办理执行案件规范》第415条。

② 参见《最高人民法院关于人民法院网络司法拍卖若干问题的规定》(法释〔2016〕18号)第三十一条,《人民法院办理执行案件规范》第457条。

五、直接变卖

117. 直接变卖的情形

符合下列情形之一的,执行法院可以决定变卖:

(一)对查封、扣押、冻结的财产,当事人双方及有关权利人同意变卖的,可以变卖。

(二)金银及其制品、当地市场有公开交易价格的动产、易腐烂变质的物品、季节性商品、保管困难或者保管费用过高的物品,执行法院可以决定变卖。①

118. 确定变卖方式

执行法院在执行中需要变卖被执行人财产的,可以交有关单位变卖,也可以由人民法院直接变卖。

对变卖的财产,人民法院或者其工作人员不得买受。②

119. 确定变卖价格

执行法院根据下述情形确定变卖价格:

(一)当事人双方及有关权利人对变卖财产的价格有约定的,按照其约定价格变卖;

(二)无约定价格但有市价的,变卖价格不得低于市价;

(三)无市价但价值较大、价格不易确定的,应当委托评估

---

① 参见《最高人民法院关于人民法院民事执行中拍卖、变卖财产的规定》(法释〔2004〕16号)第三十四条,《人民法院办理执行案件规范》第464条。

② 参见《最高人民法院关于适用〈中华人民共和国民事诉讼法〉的解释》(法释〔2015〕5号)第四百九十条,《人民法院办理执行案件规范》第466条。

机构进行评估,并按照评估价格进行变卖。①

120. 变卖财产无人应买的处理

120-1 降价变卖

按照评估价格变卖不成的,可以降低价格变卖,但最低的变卖价不得低于评估价的二分之一。②

120-2 抵债

变卖的财产无人应买的,可以将该财产交申请执行人或者其他执行债权人抵债。③

120-3 解封、发还

申请执行人或者其他执行债权人拒绝接受或者依法不能交付其抵债的,执行法院应当解除查封、扣押,并将该财产退还被执行人。④

121. 所有权转移及交付

变卖成交或者以变卖不成后的财产抵债的,执行法院应当作出裁定并交付财产。依照本指引第115条规定办理。

---

① 参见《最高人民法院关于人民法院民事执行中拍卖、变卖财产的规定》(法释〔2004〕16号)第三十五条第一款,《人民法院办理执行案件规范》第465条第1款。
② 《最高人民法院关于人民法院民事执行中拍卖、变卖财产的规定》(法释〔2004〕16号)第三十五条第二款,《人民法院办理执行案件规范》第465条第2款。
③ 参见《最高人民法院关于人民法院民事执行中拍卖、变卖财产的规定》(法释〔2004〕16号)第三十五条第三款,《人民法院办理执行案件规范》第467条。
④ 《最高人民法院关于人民法院民事执行中拍卖、变卖财产的规定》(法释〔2004〕16号)第三十五条第三款,《人民法院办理执行案件规范》第467条。

六、合意抵债

122. 合意抵债

经申请执行人和被执行人同意,且不损害其他债权人合法权益和社会公共利益的,人民法院可以不经拍卖、变卖,直接将被执行人的财产作价交申请执行人抵偿债务。对剩余债务,被执行人应当继续清偿。①

七、强制管理

123. 强制管理

被执行人的财产无法拍卖或者变卖的,经申请执行人同意,且不损害其他债权人合法权益和社会公共利益的,人民法院可以将该项财产作价后交付申请执行人抵偿债务,或者交付申请执行人管理;申请执行人拒绝接收或者管理的,退回被执行人。②

执行法院也可以视情将财产交第三人管理,管理的收益在扣除管理费及其他必要费用后,用于清偿被执行人债务。

---

① 参见《最高人民法院关于适用〈中华人民共和国民事诉讼法〉的解释》(法释〔2015〕5号)第四百九十一条,《人民法院办理执行案件规范》第471条。

② 参见《最高人民法院关于适用〈中华人民共和国民事诉讼法〉的解释》(法释〔2015〕5号)第四百九十二条,《人民法院办理执行案件规范》第476条。

第六章 参与分配

124. 参与分配程序的一般规定

被执行人为公民或者其他组织,在执行程序开始后,被执行人的其他已经取得执行依据的债权人发现被执行人的财产不能清偿所有债权的,可以向人民法院申请参与分配。

对人民法院查封、扣押、冻结的财产有优先权、担保物权的债权人,可以直接申请参与分配,主张优先受偿权。①

125. 普通债权人的申请参与分配

125-1 条件

普通债权人申请参与分配的,应当符合下述条件:

(一)已经取得执行依据,即取得可以申请强制执行的生效的法律文书;

(二)在执行程序开始后被执行的财产执行终结前提出申请。②

---

① 参见《最高人民法院关于适用〈中华人民共和国民事诉讼法〉的解释》(法释〔2015〕5号)第五百零八条,《人民法院办理执行案件规范》第477条。

② 参见《最高人民法院关于适用〈中华人民共和国民事诉讼法〉的解释》(法释〔2015〕5号)第五百零九条第二款,《人民法院办理执行案件规范》第478条第2款。

125-2 参与分配申请书

参与分配应当提交申请书。申请书应当写明参与分配和被执行人不能清偿所有债权的事实、理由，并附执行依据。①

125-3 提出申请

参与分配申请直接向主持分配的法院提出。债权人已经申请执行的，其申请书也可以向受理其执行申请的执行法院提交，由执行法院将参与分配申请书转交给主持分配的法院，并说明执行情况。②

执行情况应当包括执行案号、当事人基本情况、应执行标的额、已执行标的额、未受偿标的额、已掌握的被执行人的财产情况等。

126. 优先受偿债权人申请参与分配

126-1 条件

对被执行的财产享有担保物权、优先权的债权人，不论其是否取得执行依据，均可直接申请参与分配，主张优先受偿权。③

126-2 参与分配申请书

对被执行的财产有担保物权、优先权的债权人申请参与分配，应提交申请书，申请书应载明参与分配及主张优先受偿的事

---

① 参见《最高人民法院关于适用〈中华人民共和民事诉讼法〉的解释》（法释〔2015〕5号）第五百零九条第一款，《人民法院办理执行案件规范》第478条第1款。

② 参见《最高人民法院关于人民法院执行工作若干问题的规定》（法释〔1998〕15号）第92条，《人民法院办理执行案件规范》第479条。

③ 参见《最高人民法院关于适用〈中华人民共和民事诉讼法〉的解释》（法释〔2015〕5号）第五百零八条第二款，《人民法院办理执行案件规范》第477条第2款。

实和理由，并附执行依据或者其他能够证明其对被执行的财产享有优先受偿权的权利证明文件。①

126 –3 提出申请

优先受偿债权人参与分配申请的提出，参照本指引 125 – 3 条规定。

126 –4 通知参与分配

对被执行的财产享有担保物权、优先权的债权人未提出参与分配申请的，对已知的担保物权、优先权人，执行法院应通知其如果债权尚未清偿，可向执行法院提出参与分配申请。

127. 参与分配申请的审查处理

127 –1 审查处理

执行法院收到其他债权人的参与分配申请后应及时进行审查，并按照下列情形分别处理：

（一）不符合参与分配条件的，应当书面通知申请人，告知不准予参与分配；

（二）符合参与分配条件的，应准予其参与分配。

127 –2 普通债权人参与分配申请审查的重点

对于普通债权人的参与分配申请，执行法院审查时应着重审查以下事项：

（一）申请参与分配的时间是否在执行程序开始后，被执行的财产执行终结前提出；

---

① 参见《人民法院办理执行案件规范》第 480 条。

(二) 参与分配申请书是否符合要求，申请参与分配的债权金额是否具体明确；

(三) 申请人提交的执行依据所载债权是否属于金钱债权，执行依据是否生效等；

(四) 申请人是否是执行依据确定的权利人或者其继承人、权利承受人；

(五) 债务清偿情况。

执行法院审查时，不得要求债权人就债务人财产不能清偿所有债权举证，不得以债权人不能举证为由，驳回其参与分配申请。

127-3 优先权人参与分配申请的审查重点

对被执行的财产享有担保物权、优先权的债权人的参与分配申请，执行法院审查时应着重审查申请人是否享有优先受偿权、优先受偿的金额范围及该债权的清偿情况等。

128. 参与分配执行中的受偿顺序

参与分配执行中，执行所得价款扣除执行费用，并清偿应当优先受偿的债权后，对于普通债权，原则上按照其占全部申请参与分配债权数额的比例受偿。①

129. 制作分配方案

符合参与分配条件的，执行法院应制作财产分配方案，并送达各债权人和被执行人。②

---

① 参见《最高人民法院关于适用〈中华人民共和国民事诉讼法〉的解释》（法释〔2015〕5号）第五百一十条，《人民法院办理执行案件规范》第482条。

② 参见《人民法院办理执行案件规范》第483条。

129-1 制作程序

执行法院在制作分配方案时,可以先由所有的债权人和债务人进行协商,意见一致的,按照一致意见制作分配方案;意见不一致的,由执行法院依职权依照本指引第128条规定制作分配方案。

129-2 应载明事项

分配方案一般应当记载下列事项:
(一)当事人姓名或者名称、地址;
(二)可供分配款项总额;
(三)债权总额、各债权人的债权额及各债权的性质、参与分配的依据;
(四)分配顺序及各债权受分配的比例和数额;
(五)分配方案制作及实施分配的日期;
(六)不服分配方案的救济途径;
(七)其他应当载明的事项。[①]

130. 分配方案异议

130-1 异议的提出

债权人或者被执行人对分配方案有异议的,应当自收到分配方案之日起十五日内以书面形式向主持分配的法院提出。[②]

[①] 参见《人民法院办理执行案件规范》第483条。
[②] 参见《最高人民法院关于适用〈中华人民共和国民事诉讼法〉的解释》(法释〔2015〕5号)第五百一十一条,《人民法院办理执行案件规范》第484条。

130-2 通知未提出异议的人

债权人或者被执行人对分配方案提出书面异议的,执行法院应当通知未提出异议的债权人、被执行人。[1]

130-3 修正分配方案

未提出异议的债权人、被执行人自收到通知之日起十五日内未提出反对意见的,执行法院依异议人的意见对分配方案审查修正后进行分配。[2]

130-4 分配方案异议之诉

未提出异议的债权人、被执行人自收到通知之日起十五日内提出反对意见的,应当通知异议人。异议人可以自收到通知之日起十五日内,以提出反对意见的债权人、被执行人为被告,向执行法院提起诉讼;异议人逾期未提起诉讼的,执行法院按照原分配方案进行分配。

执行法院在诉讼期间可以进行分配,但是应当提存与争议债权数额相应的款项。[3]

---

[1] 参见《最高人民法院关于适用〈中华人民共和国民事诉讼法〉的解释》(法释〔2015〕5号)第五百一十二条第一款,《人民法院办理执行案件规范》第484条第2款。

[2] 参见《最高人民法院关于适用〈中华人民共和国民事诉讼法〉的解释》(法释〔2015〕5号)第五百一十二条第二款,《人民法院办理执行案件规范》第484条第3款。

[3] 参见《最高人民法院关于适用〈中华人民共和国民事诉讼法〉的解释》(法释〔2015〕5号)第五百一十二条第二款、第三款,《人民法院办理执行案件规范》第484条第2款、第3款。

131. 非参与分配中的案款分配

131-1 受偿顺序

多个金钱债权人分别对同一被执行人申请执行,不适用参与分配程序的,除对本案执行标的物享有担保物权或其他优先权的债权人外,其他执行债权人对本案执行标的物的变价所得,按照财产保全和执行中查封、扣押、冻结财产的先后顺序受偿。①

131-2 分配方案及异议的处理

执行法院依照前款规定分配案款的,应依照本指引 129 条规定制作分配方案,并送达各债权人和被执行人。债权人或者被执行人对分配方案有异议的,依照本指引第 130 条规定处理。

132. 首先查封债权的清偿顺位及其份额预留

在主持分配法院对查封财产的处置权是商请首先查封法院移送的情形下,首先查封债权的清偿顺位不因财产移送执行而改变。如首先查封法院的债权尚未经生效法律文书确认的,主持分配法院制作分配方案时应按照首先查封债权的清偿顺位预留相应的份额。②

---

① 参见《最高人民法院关于人民法院执行工作若干问题的规定(试行)》(法释〔1998〕15 号)第 88 条。

② 参见《最高人民法院关于首先查封法院与优先债权执行法院处分查封财产有关问题的批复》(法释〔2016〕6 号)第三条第三款,《人民法院办理执行案件规范》第 387 条第 2 款。

第七章　执行程序与破产程序的衔接

133. 执行案件移送破产审查的条件

执行案件同时符合下列条件的，执行法院可以移送被执行人住所地的法院①进行破产审查：

（一）被执行人为企业法人；

（二）被执行人或者有关被执行人的任何一个执行案件的申请执行人书面同意将执行案件移送破产审查；

（三）被执行人不能清偿到期债务，并且资产不足以清偿全部债务或者明显缺乏清偿能力。②

134. 执行案件移送破产审查的程序

134-1 征询当事人意见

执行法院采取财产调查措施后，发现作为被执行人的企业法人符合企业破产法第二条规定的，应当及时询问申请执行人、被

---

① 根据《最高人民法院关于执行案件移送破产审查若干问题的指导意见》（法发〔2017〕2号）第3条的规定，在级别管辖上，以中级人民法院管辖为原则、基层人民法院管辖为例外。中级人民法院经高级人民法院批准，也可以将案件交由具备审理条件的基层人民法院审理。

② 参见《最高人民法院关于执行案件移送破产审查若干问题的指导意见》（法发〔2017〕2号）第2条，《人民法院办理执行案件规范》第130条。

执行人是否同意将案件移送破产审查。

询问情况应记入笔录，由被询问人签字确认。①

134-2 不同意移送的处理

申请执行人、被执行人均不同意移送且无人申请破产的，执行法院就执行变价所得的财产，在扣除执行费用及清偿优先受偿的债权后，对于普通债权，按照财产保全和执行中查封、扣押、冻结财产的先后顺序清偿。②

134-3 同意移送的处理

134-3-1 作出移送决定

被执行人或者其任何一个执行案件的申请执行人书面同意将案件移送破产审查的，承办人认为符合移送破产审查的条件的，应提出书面意见，经合议庭评议同意后，交由院长签署移送决定。③

134-3-2 移送异地中级法院审查的特别要求

基层人民法院拟将执行案件移送异地中级人民法院进行破产审查的，在作出移送决定前，应先报请其所在地中级人民法院执行机构审核同意。中级人民法院收到报请后，应及时进行审核，并将审核意见反馈给报请法院。④

---

① 参见《最高人民法院关于执行案件移送破产审查若干问题的指导意见》（法发〔2017〕2号）第4条，《最高人民法院关于适用〈中华人民共和民事诉讼法〉的解释》（法释〔2015〕5号）第五百一十三条，《人民法院办理执行案件规范》第133条。

② 参见《最高人民法院关于执行案件移送破产审查若干问题的指导意见》（法发〔2017〕2号）第4条，《人民法院办理执行案件规范》第133条。

③ 参见《最高人民法院关于执行案件移送破产审查若干问题的指导意见》（法发〔2017〕2号）第5条，《人民法院办理执行案件规范》第134条第1款。

④ 参见《最高人民法院关于执行案件移送破产审查若干问题的指导意见》（法发〔2017〕2号）第6条，《人民法院办理执行案件规范》第134条第2款。

134-4 送达

移送决定作出后,执行法院应当于五日内送达申请执行人和被执行人。[1]

134-5 异议

申请执行人或被执行人对决定有异议的,告知其可以在受移送法院破产审查期间提出,由受移送法院一并处理。[2]

134-6 材料的移送及其补正

134-6-1 应移送的材料范围

移送决定作出后,执行法院应将下列材料一并移送受移送法院:

(一)移送破产审查决定书;

(二)申请执行人或被执行人同意移送的书面材料;

(三)采取财产调查措施查明的被执行人的财产状况,已查封、扣押、冻结财产清单及相关材料;

(四)已分配财产清单及相关材料;

(五)被执行人债务清单;

(六)其他应当移送的材料。[3]

受移送法院系本院的,直接移送立案部门审查立案。

---

[1] 参见《最高人民法院关于执行案件移送破产审查若干问题的指导意见》(法发〔2017〕2号)第7条,《人民法院办理执行案件规范》第135条。

[2] 参见《最高人民法院关于执行案件移送破产审查若干问题的指导意见》(法发〔2017〕2号)第7条,《人民法院办理执行案件规范》第135条。

[3] 参见《最高人民法院关于执行案件移送破产审查若干问题的指导意见》(法发〔2017〕2号)第10条,《人民法院办理执行案件规范》第138条第1款。

134-6-2 移送材料的补正

受移送法院认为移送的材料不完备或者内容错误，要求补齐、补正的，执行法院应于十日内补齐、补正。

受移送法院需要查阅执行程序中的其他案件材料，或者依法委托执行法院办理财产处置等事项的，执行法院应予协助配合。①

134-7 拒绝接收移送材料的监督

受移送法院拒绝接收移送的材料，或者收到移送的材料后不按规定的期限（收到材料之日起30日内）作出是否受理裁定的，执行法院可函请受移送法院的上一级法院进行监督。②

135. 移送后的中止执行

执行法院作出移送决定后，应当书面通知所有已知执行法院，所有执行法院均应中止对被执行人的执行程序，③ 但下列情形除外：

（一）对被执行人的季节性商品、鲜活、易腐烂变质以及其他不宜长期保存的物品，执行法院应当及时变价处置，处置的价款不作分配。④

（二）裁定对被执行人中止执行的，不影响对同一执行案件其他被执行人的执行。

（三）执行法院决定移送后，受移送法院裁定受理破产案件

---

① 参见《最高人民法院关于执行案件移送破产审查若干问题的指导意见》（法发〔2017〕2号）第11条，《人民法院办理执行案件规范》第138条第2款、第3款。
② 参见《最高人民法院关于执行案件移送破产审查若干问题的指导意见》（法发〔2017〕2号）第21条，《人民法院办理执行案件规范》第146条。
③ 参见《最高人民法院关于执行案件移送破产审查若干问题的指导意见》（法发〔2017〕2号）第8条，《人民法院办理执行案件规范》第136条。
④ 参见《最高人民法院关于执行案件移送破产审查若干问题的指导意见》（法发〔2017〕2号）第8条，《人民法院办理执行案件规范》第136条。

前，对被执行人的查封、扣押、冻结措施不因中止执行而解除。查封、扣押、冻结期限在破产审查期间届满的，申请执行人可以向执行法院申请延长期限，执行法院应予办理。①

136. 受理破产后被执行人财产的移交

受移送法院的破产审判部门应当在收到移送材料之日三十日内作出是否受理的裁定，并在裁定作出后五日内送达申请执行人、被执行人，并送交执行法院。②

136 -1 移交财产范围

执行法院应在收到受理破产的裁定后七日内将已经扣划到账的银行存款、实际扣押的动产、有价证券等被执行人的财产移交受理破产案件的法院或管理人。③

136 -2 不予移交情形

下列财产因财产所有权发生了转移，不属于被执行人的财产，不在本指引第 136 -1 条规定的移交范围：

（一）已通过拍卖、变卖程序处置且成交裁定已送达买受人的拍卖、变卖财产；

（二）通过以物抵债偿还债务且抵债裁定已送达债权人的抵债财产；

---

① 参见《最高人民法院关于执行案件移送破产审查若干问题的指导意见》（法发〔2017〕2 号）第 9 条，《人民法院办理执行案件规范》第 137 条。
② 参见《最高人民法院关于执行案件移送破产审查若干问题的指导意见》（法发〔2017〕2 号）第 13 条，《人民法院办理执行案件规范》第 140 条第 1 款。
③ 参见《最高人民法院关于执行案件移送破产审查若干问题的指导意见》（法发〔2017〕2 号）第 16 条，《人民法院办理执行案件规范》第 142 条第 1 款。

（三）已完成转账、汇款、现金交付的执行款。①

137. 终结执行

受移送法院裁定宣告被执行人破产或裁定终止和解程序、重整程序的，应当自裁定作出之日起五日内送交执行法院，执行法院收到裁定后，应当裁定终结对被执行人的执行。②

138. 受移送法院不予受理或驳回申请后的处理

138-1 恢复执行

受移送法院作出不予受理或驳回申请裁定的，应当在裁定生效后七日内将接收的材料、被执行人的财产退回执行法院，执行法院收到后应当恢复对被执行人的执行。③

138-2 清偿顺序

恢复执行后，执行法院就执行变价所得的财产，在扣除执行费用及清偿优先受偿的债权后，对于普通债权，按照财产保全和执行中查封、扣押、冻结财产的先后顺序清偿。④

138-3 重复移送的禁止

受移送法院作出不予受理或驳回申请的裁定后，执行法院不

---

① 参见《最高人民法院关于执行案件移送破产审查若干问题的指导意见》（法发〔2017〕2号）第17条，《人民法院办理执行案件规范》第142条第2款。
② 参见《最高人民法院关于执行案件移送破产审查若干问题的指导意见》（法发〔2017〕2号）第20条，《人民法院办理执行案件规范》第145条。
③ 参见《最高人民法院关于执行案件移送破产审查若干问题的指导意见》（法发〔2017〕2号）第18条，《人民法院办理执行案件规范》第143条。
④ 参见《最高人民法院关于适用〈中华人民共和民事诉讼法〉的解释》（法释〔2015〕5号）第五百一十六条，《人民法院办理执行案件规范》第143条。

得重复启动执行案件移送破产审查程序。申请执行人或被执行人以有新证据足以证明被执行人已经具备了破产原因为由，再次要求将执行案件移送破产审查的，不予支持。但是，申请执行人或被执行人可以直接向具有管辖权的法院提出破产申请。①

139. 虚假破产的监督

执行法院发现被执行人有虚假破产情形的，应当及时向受理破产案件的人民法院提出。申请执行人认为被执行人利用破产逃债的，可以向受理破产案件的人民法院或者其上级人民法院提出异议，受理异议的法院应当依法进行监督。②

140. 分配方案及其异议的参照适用

执行法院依照本指引第 134－2 条、第 138－2 条规定的清偿顺序，对被执行人的财产进行分配，应制作分配方案的，参照本指引第 129 条、第 130 条规定办理。

---

① 参见《最高人民法院关于执行案件移送破产审查若干问题的指导意见》（法发〔2017〕2 号）第 19 条，《人民法院办理执行案件规范》第 144 条。

② 参见《最高人民法院关于依法制裁规避执行行为的若干意见》（法〔2011〕195 号）第 10 条，《人民法院办理执行案件规范》第 148 条。

第八章　执行款的管理和发放

141. 收取执行款

141-1 被执行人直接支付

被执行人自动履行的，可以直接支付给申请执行人，也可交付至人民法院指定执行款专户或案款专户。①

141-2 法院强制执行

执行法院直接对被执行人账户资金进行划拨的，可以直接划至申请执行人账户，但是有下列情形之一的，应当划至执行款专户或案款专户：

（一）通过网络执行查控系统扣划的；

（二）有争议或需再分配的执行款；

（三）人民法院认为确有必要的。②

---

① 参见《最高人民法院关于执行款物管理工作的规定》（法发〔2017〕6号）第六条第一款，《人民法院办理执行案件规范》第486条第1款。

② 参见《最高人民法院关于执行款物管理工作的规定》（法发〔2017〕6号）第六条，《人民法院办理执行案件规范》第486条。

141-3 收取现金和票据的特殊规定

141-3-1 原则上禁止直接收取

执行人员原则上不直接收取现金和票据。

141-3-2 确有必要直接收取的程序

确有必要直接收取的，应当不少于两名执行人员在场，即时向交款人出具收取凭证，并制作收款笔录，由交款人和在场人员签名。

执行人员直接收取现金或者票据的，应当在回院后当日将现金或票据移交财务部门；当日移交确有困难的，应当在回院后一日内移交并说明原因。①

142. 一案一账号的要求

对于扣划到法院执行款专户或案款专户的执行款，其收发管理应当采取一案一账号的方式，做到案号、款项、被执行人或交款人一一对应。

143. 执行款发放

143-1 核算、结算、通知领取

执行人员应当在收到财务部门执行款到账通知之日起三十日内，完成执行款的核算、执行费用的结算、通知申请执行人领取和执行款发放等工作。②

---

① 参见《最高人民法院关于执行款物管理工作的规定》（法发〔2017〕6号）第九条第一款、第二款，《人民法院办理执行案件规范》第487条。

② 参见《最高人民法院关于执行款物管理工作的规定》（法发〔2017〕6号）第十条第一款，《人民法院办理执行案件规范》第488条第1款。

143-2 延缓发放

有下列情形之一的,报经执行局局长或主管院领导批准后,可以延缓发放:

(一)需要进行案款分配的;

(二)申请执行人因另案诉讼、执行或涉嫌犯罪等原因导致执行款被保全或冻结的;

(三)申请执行人经通知未领取的;

(四)案件被依法中止或者暂缓执行的;

(五)有其他正当理由需要延缓发放执行款的。

上述情形消失后,执行人员应当在十日内完成执行款的发放。①

143-3 发放方式

人民法院发放执行款,一般应当采取转账方式。②

143-4 发放对象

执行款应当发放给申请执行人,确需发放给申请执行人以外的单位或个人的,应当组成合议庭进行审查,但依法应当退还给交款人的除外。③

143-5 审批程序

143-5-1 填写审批表

发放执行款时,执行人员应当填写执行款发放审批表。执行

---

① 参见《最高人民法院关于执行款物管理工作的规定》(法发〔2017〕6号)第十条第二款、第三款,《人民法院办理执行案件规范》第488条第2款、第3款。

② 参见《最高人民法院关于执行款物管理工作的规定》(法发〔2017〕6号)第十一条第一款,《人民法院办理执行案件规范》第489条第1款。

③ 参见《最高人民法院关于执行款物管理工作的规定》(法发〔2017〕6号)第十一条第二款,《人民法院办理执行案件规范》第489条第2款。

款发放审批表中应当注明执行案件案号、当事人姓名或名称、交款人姓名或名称、交款金额、交款时间、交款方式、收款人姓名或名称、收款人账号、发款金额和方式等情况。

委托他人代为办理领取执行款手续的，应当附特别授权委托书、委托代理人的身份证复印件。委托代理人是律师的，应当附所在律师事务所出具的公函及律师执照复印件。①

143-5-2 提交审批

发放审批表填写好后，报请执行局局长或主管院领导批准后，交由财务部门办理支付手续。②

143-6 办理支付

143-6-1 直接转账

申请执行人要求或同意采取转账方式发放执行款的，执行人员应当持执行款发放审批表及申请执行人出具的本人或本单位接收执行款的账户信息的书面证明，交财务部门办理转账手续。③

143-6-2 直接领取

申请执行人或委托代理人直接到人民法院办理领取执行款手续的，执行人员应当在查验领款人身份证件、授权委托手续后，持执行款发放审批表，会同领款人到财务部门办理支付手续。④

---

① 参见《最高人民法院关于执行款物管理工作的规定》（法发〔2017〕6号）第十二条，《人民法院办理执行案件规范》第490条。
② 参见《最高人民法院关于执行款物管理工作的规定》（法发〔2017〕6号）第十二条第一款，《人民法院办理执行案件规范》第490条第1款。
③ 参见《最高人民法院关于执行款物管理工作的规定》（法发〔2017〕6号）第十三条第一款，《人民法院办理执行案件规范》第491条第1款。
④ 参见《最高人民法院关于执行款物管理工作的规定》（法发〔2017〕6号）第十三条第二款，《人民法院办理执行案件规范》第491条第2款。

144. 提存

144-1 适用情形

有下列情形之一，不能在规定期限内发放执行款的，执行法院可以将执行款提存：

（一）申请执行人无正当理由拒绝领取的；

（二）申请执行人下落不明的；

（三）申请执行人死亡未确定继承人或者丧失民事行为能力未确定监护人的；

（四）按照申请执行人提供的联系方式无法通知其领取的；

（五）其他不能发放的情形。[①]

144-2 办理提存

需要提存执行款的，执行人员应当填写执行款提存审批表并附具有提存情形的证明材料。执行款提存审批表中应注明执行案件案号、当事人姓名或名称、交款人姓名或名称、交款金额、交款时间、交款方式、收款人姓名或名称、提存金额、提存原因等情况。报经执行局局长或主管院领导批准后，办理提存手续。[②]

144-3 提存费用负担

提存费用应当由申请执行人负担，可以从执行款中扣除。[③]

[①] 参见《最高人民法院关于执行款物管理工作的规定》（法发〔2017〕6号）第十六条，《人民法院办理执行案件规范》第493条。

[②] 参见《最高人民法院关于执行款物管理工作的规定》（法发〔2017〕6号）第十七条第一款，《人民法院办理执行案件规范》第494条第1款。

[③] 参见《最高人民法院关于执行款物管理工作的规定》（法发〔2017〕6号）第十七条第二款，《人民法院办理执行案件规范》第494条第2款。

第九章 执行事项委托

145. 委托事项的范围

执行法院在执行案件过程中遇有下列事项需赴异地办理的，可以委托相关异地法院代为办理：

（一）冻结、续冻、解冻、扣划银行存款、理财产品；

（二）公示冻结、续冻、解冻股权及其他投资权益；

（三）查封、续封、解封、过户不动产和需要登记的动产；

（四）调查被执行人财产情况；

（五）其他人民法院执行事项委托系统中列明的事项。[①]

146. 准备委托材料

146-1 委托执行函

委托调查被执行人财产情况的，委托法院应当在委托执行函中明确具体调查内容，具体协助执行单位并附对应的协助执行通知书。调查内容应当为总对总查控系统尚不支持的财产类型及

[①] 参见《最高人民法院关于严格规范执行事项委托工作的管理办法（试行）》（法发〔2017〕27号）第一条。

范围。①

146-2 相关法律文书

委托执行应附相关法律文书,应当包括执行裁定书、协助执行通知书、送达回证(或回执)、执行公务证件扫描件。委托扣划已冻结款项的,应当提供执行依据扫描件并加盖委托法院电子签章。②

147. 委托法院办理手续

147-1 办案系统发起和办理

委托法院进行事项委托一律通过执行办案系统发起和办理,不再通过线下邮寄材料方式进行。受托法院收到线下邮寄材料的,联系委托法院线上补充提交事项委托后再予办理。③

147-2 确定受托法院

受托法院一般应当为委托事项办理地点的基层人民法院,委托同级人民法院更有利于事项委托办理的除外。④

147-3 确定办理期限

办理期限应当根据具体事项进行合理估算,一般应不少于十

---

① 参见《最高人民法院关于严格规范执行事项委托工作的管理办法(试行)》(法发〔2017〕27号)第二条。
② 参见《最高人民法院关于严格规范执行事项委托工作的管理办法(试行)》(法发〔2017〕27号)第七条。
③ 参见《最高人民法院关于严格规范执行事项委托工作的管理办法(试行)》(法发〔2017〕27号)第三条。
④ 参见《最高人民法院关于严格规范执行事项委托工作的管理办法(试行)》(法发〔2017〕27号)第五条。

天，不超过二十天。

需要紧急办理的，推送事项委托后，通过执行指挥中心联系受托法院，受托法院应当于 24 小时内办理完毕。①

147-4 录入、审批、推送

委托法院发起事项委托应当由承办人在办案系统事项委托模块中录入委托法院名称、受托法院名称、案号、委托事项、办理期限、承办人姓名、联系方式，并附相关法律文书。经审批后，该事项委托将推送至人民法院执行事项委托系统，委托法院执行指挥中心核查文书并加盖电子签章后推送给受托法院。②

148. 受托法院核实、签收

受托法院通过人民法院执行事项委托系统收到事项委托后，应当尽快核实材料并签收办理。③

148-1 超出范围的处理

受托法院经核实，委托事项超出本指引第 145 条范围且其无法办理的，受托法院与委托法院沟通后可以退回。④

148-2 文书的补齐

受托法院发现委托法院提供的法律文书不符合要求或缺少必

---

① 参见《最高人民法院关于严格规范执行事项委托工作的管理办法（试行）》（法发〔2017〕27 号）第六条。
② 参见《最高人民法院关于严格规范执行事项委托工作的管理办法（试行）》（法发〔2017〕27 号）第四条。
③ 参见《最高人民法院关于严格规范执行事项委托工作的管理办法（试行）》（法发〔2017〕27 号）第八条。
④ 参见《最高人民法院关于严格规范执行事项委托工作的管理办法（试行）》（法发〔2017〕27 号）第九条。

要文书，其无法办理的，应及时与委托法院沟通告知应当补充的材料。未经沟通，受托法院不得直接退回委托。委托法院应于三日内通过系统补充材料，补充材料后仍无法办理的，受托法院可以说明原因后退回。[①]

149. 办理委托事项

受托法院应当及时签收并办理委托事项，完成后及时将办理情况及送达回证、回执或其他材料通过系统反馈委托法院，委托法院应当及时确认办结。[②]

[①] 参见《最高人民法院关于严格规范执行事项委托工作的管理办法（试行）》（法发〔2017〕27号）第十条。

[②] 参见《最高人民法院关于严格规范执行事项委托工作的管理办法（试行）》（法发〔2017〕27号）第十一条。

第十章　强制措施、间接执行措施和刑事处罚

150. 限制消费

150-1 适用情形

150-1-1 一般规定

被执行人未履行生效法律文书确定的给付义务，执行法院可以采取限制消费措施，限制其高消费及非生活或者经营必需的有关消费。[①]

被执行人为单位的，被采取限制消费措施后，被执行人及其法定代表人、主要负责人、影响债务履行的直接责任人员、实际控制人不得有高消费及非生活和工作必需的消费行为。[②]

150-1-2 应当限制消费的情形

纳入失信被执行人名单的被执行人，执行法院应当对其采取限制消费措施。[③]

[①] 参见《最高人民法院关于限制被执行人高消费及有关消费的若干规定》（法释〔2015〕17号）第一条第一款，《人民法院办理执行案件规范》第215条第1款。

[②] 参见《最高人民法院关于限制被执行人高消费及有关消费的若干规定》（法释〔2015〕17号）第三条第二款，《人民法院办理执行案件规范》第216条第2款。

[③] 参见《最高人民法院关于限制被执行人高消费及有关消费的若干规定》（法释〔2015〕17号）第一条第二款，《人民法院办理执行案件规范》第215条第1款。

被执行人无可供执行的财产或者发现的财产不能处置,需要终结本次执行程序的,应当对被执行人采取限制消费措施。①

150-2 限制消费令

执行法院决定采取限制消费措施的,应当向被执行人发出限制消费令。限制消费令由院长签发。限制消费令应当载明限制消费的期间、项目、法律后果等内容。限制消费令可以与执行通知一并向被执行人发出。②

150-3 通知有关单位协助和在媒体发布公告

采取限制消费措施,应当通过执行案件流程信息管理系统向相关单位推送,并可以根据案件需要和被执行人的情况向有义务协助调查、执行的单位送达协助执行通知书。

采取限制消费措施,也可以在相关媒体上进行公告。限制消费令的公告费用由被执行人负担;申请执行人申请在媒体公告的,应当垫付公告费用。③

150-4 消费的申请与批准

被限制消费的被执行人因生活或者经营必需,向执行法院申请进行所限制的消费行为的,执行法院可以批准。被限制消费的被执行人获批准后方可进行消费。

被执行人的法定代表人、主要负责人、影响债务履行的直接

---

① 参见《最高人民法院关于严格规范终结本次执行程序的规定(试行)》(法〔2016〕373号)第一条第(二)项,《人民法院办理执行案件规范》第107条第(2)项。

② 参见《最高人民法院关于限制被执行人高消费及有关消费的若干规定》(法释〔2015〕17号)第五条,《人民法院办理执行案件规范》第218条。

③ 参见《最高人民法院关于限制被执行人高消费及有关消费的若干规定》(法释〔2015〕17号)第六条、第七条,《人民法院办理执行案件规范》第219条。

责任人员、实际控制人因私消费以个人财产实施所限制行为的，可以向执行法院提出申请。执行法院审查属实的，应予准许。①

150 -5 违反限制消费令的制裁

150 -5 -1 对被执行人的制裁

被执行人违反限制消费令进行消费的行为属于拒不履行人民法院已经发生法律效力的判决、裁定的行为，经查证属实的，可以予以拘留、罚款，纳入失信被执行人名单；情节严重，构成犯罪的，追究其刑事责任。②

150 -5 -2 对协助单位的制裁

有关单位在收到执行法院协助执行通知书后，仍允许被执行人进行高消费及非生活或者经营必需的有关消费的，执行法院除责令其履行协助义务外，可以对该单位、对单位的主要负责人或者直接责任人员予以罚款。对单位的主要负责人或者直接责任人员予以罚款后仍不履行协助义务的，可以对其进行拘留，并可以向监察机关或者有关机关提出予以纪律处分的司法建议。③

---

① 参见《最高人民法院关于限制被执行人高消费及有关消费的若干规定》（法释〔2015〕17 号）第三条第二款、第八条，《人民法院办理执行案件规范》第 216 条第 2 款、第 220 条。
② 参见《中华人民共和国民事诉讼法》（2017 年 6 月 27 日第三次修正）第一百一十一条，《最高人民法院关于适用〈中华人民共和国民事诉讼法〉的解释》（法释〔2015〕5 号）第一百八十八条第（三）项，《最高人民法院关于限制被执行人高消费及有关消费的若干规定》（法释〔2015〕17 号）第十条、第十一条，《人民法院办理执行案件规范》第 180 条第 1 款第（8）项、第 222 条。
③ 参见《中华人民共和国民事诉讼法》（2017 年 6 月 27 日第三次修正）第一百一十四条，《最高人民法院关于适用〈中华人民共和国民事诉讼法〉的解释》（法释〔2015〕5 号）第一百八十八条第（三）项，《最高人民法院关于限制被执行人高消费及有关消费的若干规定》（法释〔2015〕17 号）第十条、第十一条，《人民法院办理执行案件规范》第 181 条第 1 款第（4）项、第 222 条。

150-6 限制消费令的解除

在限制消费期间，被执行人提供确实有效的担保或者经申请执行人同意的，执行法院可以解除限制消费令。

被执行人履行完毕生效法律文书确定的义务，执行法院应当解除限制消费令，并通过执行案件流程信息管理系统屏蔽限制消费信息，通知协助执行、调查的单位解除限制消费措施，已在媒体公告限制消费令的，应当公告解除限制消费令。①

151. 拘传

151-1 适用情形

对必须接受调查询问的被执行人、被执行人的法定代表人、负责人或者实际控制人，经依法传唤无正当理由拒不到场的，执行法院可以拘传其到场。②

151-2 拘传程序及注意事项

151-2-1 拘传的审批

拘传必须经院长批准。③

151-2-2 制作拘传票并送达

拘传必须用拘传票，并直接送达被拘传人。

---

① 参见《最高人民法院关于限制被执行人高消费及有关消费的若干规定》（法释〔2015〕17号）第九条，《人民法院办理执行案件规范》第221条。

② 参见《最高人民法院关于适用〈中华人民共和国民事诉讼法〉的解释》（法释〔2015〕5号）第四百八十四条第一款，《人民法院办理执行案件规范》第173条第1款。

③ 参见《中华人民共和国民事诉讼法》（2017年6月27日第三次修正）第一百一十六条第一款，《人民法院办理执行案件规范》第173条第2款。

在拘传前，应当向被拘传人说明拒不到场的后果，经批评教育仍拒不到场的，可以拘传其到场。①

151-2-3 拘传后的调查询问

执行人员应当及时对被拘传人进行调查询问。调查询问的时间不得超过八小时；情况复杂，依法可能采取拘留措施的，调查询问的时间不得超过二十四小时。

调查询问后不得限制被拘传人的人身自由。②

151-2-4 异地拘传

执行法院在本辖区以外采取拘传措施时，可以将被拘传人拘传到当地人民法院，当地人民法院应予协助。③

152. 罚款、拘留

152-1 适用情形

152-1-1 对诉讼参与人、其他人的罚款、拘留

执行中，诉讼参与人或者其他人有违反法庭规则，妨碍作证，非法处置查封、扣押、冻结的财产，妨碍公务、拒不履行判决、裁定等行为的，执行法院可以根据情节轻重予以罚款、拘留；构成犯罪的，依法追究刑事责任。

对有上述行为之一的单位，可以对其主要负责人或者直接责

---

① 参见《最高人民法院关于适用〈中华人民共和国民事诉讼法〉的解释》（法释〔2015〕5号）第一百七十五条，《人民法院办理执行案件规范》第173条第3款。

② 参见《最高人民法院关于适用〈中华人民共和国民事诉讼法〉的解释》（法释〔2015〕5号）第四百八十四条第二款，《最高人民法院关于人民法院执行工作若干问题的规定（试行）》（法释〔1998〕15号）第98条，《人民法院办理执行案件规范》第174条。

③ 参见《最高人民法院关于适用〈中华人民共和国民事诉讼法〉的解释》（法释〔2015〕5号）第四百八十四条第三款，《人民法院办理执行案件规范》第175条。

任人员予以罚款、拘留；构成犯罪的，依法追究刑事责任。①

152-1-2 对协助执行义务单位的罚款、拘留

执行中，有义务协助调查、执行的单位拒绝、妨碍执行法院调查取证，或接到执行法院的协助执行通知书后，拒不协助执行的，执行实施机构除责令其履行协助义务外，可以对该单位、对单位的主要负责人或者直接责任人员予以罚款。对单位的主要负责人或者直接责任人员予以罚款后仍不履行协助义务的，可以对其进行拘留，并可以向监察机关或者有关机关提出予以纪律处分的司法建议。②

152-2 罚款、拘留决定的作出

152-2-1 审批程序

采取罚款、拘留措施的，必须经院长批准。因哄闹、冲击法庭，用暴力、威胁等方法抗拒执行公务等紧急情况，必须立即采取拘留措施的，可在拘留后，立即报告院长补办批准手续。院长

---

① 参见《中华人民共和国民事诉讼法》（2017年6月27日第三次修正）第一百一十条、第一百一十一条、第一百一十三条、第二百四十一条，《最高人民法院关于适用〈中华人民共和国民事诉讼法〉的解释》（法释〔2015〕5号）第一百七十六条、第一百八十三条、第一百八十七条、第一百八十八条、第一百八十九条、第一百九十一条、第五百二十一条，《最高人民法院关于人民法院执行工作若干问题的规定（试行）》（法释〔1998〕15号）第100条，《最高人民法院关于民事执行中财产调查若干问题的规定》（法释〔2017〕8号）第九条，《最高人民法院关于依法制裁规避执行行为的若干意见》（法〔2011〕195号）第15条，《人民法院办理执行案件规范》第176～180条、第192条。

② 参见《中华人民共和国民事诉讼法》（2017年6月27日第三次修正）第一百一十四条，《最高人民法院关于适用〈中华人民共和国民事诉讼法〉的解释》（法释〔2015〕5号）第一百九十二条、第四百九十五条，《人民法院办理执行案件规范》第181条、第192条。

认为拘留不当的，应当解除拘留。①

152-2-2 罚款金额、拘留期限

对个人的罚款金额，为人民币十万元以下。对单位的罚款金额，为人民币五万元以上一百万元以下。采取罚款措施时，应当根据其实施妨害民事诉讼行为的性质、情节、后果，当地的经济发展水平，以及诉讼标的额等因素，在上述限额内确定相应的罚款金额。

拘留的期限，为十五日以下。②

152-2-3 决定作出及救济

采取罚款、拘留措施的，应当作出罚款或拘留决定书。罚款、拘留决定书应当告知被罚款、拘留的人对罚款、拘留决定不服的，可以自收到决定书之日起三日内向上一级人民法院申请复议一次。

被罚款、拘留的人申请复议的，复议期间不停止执行。③

152-2-4 罚款、拘留的单用和并用

对诉讼参与人、其他人的罚款、拘留，可以单独适用，也可以合并适用。

---

① 参见《中华人民共和国民事诉讼法》（2017年6月27日第三次修正）第一百一十六条第一款，《最高人民法院关于适用〈中华人民共和国民事诉讼法〉的解释》（法释〔2015〕5号）第一百八十一条，《人民法院办理执行案件规范》第185条第1款、第3款。

② 参见《中华人民共和国民事诉讼法》（2017年6月27日第三次修正）第一百一十五条第一款、第二款，《最高人民法院关于适用〈中华人民共和国民事诉讼法〉的解释》（法释〔2015〕5号）第一百九十三条，《人民法院办理执行案件规范》第182条、第184条。

③ 参见《中华人民共和国民事诉讼法》（2017年6月27日第三次修正）第一百一十六条第一款、第三款，《最高人民法院关于适用〈中华人民共和国民事诉讼法〉的解释》（法释〔2015〕5号）第一百七十八条，《最高人民法院关于人民法院办理异议和复议案件若干问题的规定》（法释〔2015〕10号）第十六条第三款，《人民法院办理执行案件规范》第183条，第185条第1款、第2款，第194条第1款。

对协助义务单位的主要负责人或者直接责任人员，罚款后仍不履行协助义务的，可以予以拘留。①

152-2-5 连续罚款、拘留的禁止

对同一妨害民事诉讼行为的罚款、拘留不得连续适用。发生新的妨害民事诉讼行为的，可以重新予以罚款、拘留。②

152-2-6 再次罚款、拘留的情形

被执行人不履行法律文书指定的行为，且该项行为只能由被执行人完成的，执行法院对其罚款、拘留后，被执行人在执行法院确定的履行期间内仍不履行的，可以再次予以罚款、拘留，构成犯罪的依法追究刑事责任。③

152-3 拘留的实施

152-3-1 送拘

采取拘留措施的，由司法警察将被拘留人送交当地公安机关看管。

送交公安机关看管时，应向公安机关送达拘留决定书和执行拘留通知书。公安机关收拘被拘留人后，应当向执行法院出具回执。④

---

① 参见《中华人民共和国民事诉讼法》（2017年6月27日第三次修正）第一百一十四条第二款，《最高人民法院关于适用〈中华人民共和国民事诉讼法〉的解释》（法释〔2015〕5号）第一百八十三条，《人民法院办理执行案件规范》第192条。

② 参见《最高人民法院关于适用〈中华人民共和国民事诉讼法〉的解释》（法释〔2015〕5号）第一百八十四条，《人民法院办理执行案件规范》第193条第1款。

③ 参见《最高人民法院关于适用〈中华人民共和国民事诉讼法〉的解释》（法释〔2015〕5号）第五百零五条条第二款，《人民法院办理执行案件规范》第193条第2款。

④ 参见《最高人民法院关于适用〈中华人民共和国民事诉讼法〉的解释》（法释〔2015〕5号）第一百七十八条，《民事诉讼文书样式》（法〔2016〕221号）执行拘留通知书（通知公安机关用）、执行拘留通知书（回执），《人民法院办理执行案件规范》第186条。

152-3-2 通知家属

执行法院对被拘留人采取拘留措施后，应当在二十四小时内通知其家属；确实无法按时通知或者通知不到的，应当记录在案。①

152-3-3 提前解除拘留

被拘留人在拘留期间认错悔改的，可以责令其具结悔过，提前解除拘留。提前解除拘留，应报经院长批准，并作出提前解除拘留决定书，交负责看管的公安机关执行。②

152-3-4 异地协助拘留

被拘留人不在执行法院辖区的，作出拘留决定的人民法院应当派员到被拘留人所在地的人民法院，请该院协助执行，受委托的人民法院应当及时派员协助执行。被拘留人申请复议或者在拘留期间承认并改正错误，需要提前解除拘留的，受委托人民法院应当向委托人民法院转达或者提出建议，由委托人民法院审查决定。③

152-4 对特殊主体的拘留

152-4-1 对人大代表的拘留

对县级以上的各级人民代表大会代表，需要依法采取拘留措施的，应当先行报经该级人民代表大会主席团或者人民代表大会常务委员会许可。

---

① 参见《最高人民法院关于适用〈中华人民共和国民事诉讼法〉的解释》（法释〔2015〕5号）第一百八十条，《人民法院办理执行案件规范》第188条。
② 参见《最高人民法院关于适用〈中华人民共和国民事诉讼法〉的解释》（法释〔2015〕5号）第一百八十二条，《人民法院办理执行案件规范》第189条。
③ 参见《最高人民法院关于适用〈中华人民共和国民事诉讼法〉的解释》（法释〔2015〕5号）第一百七十九条，《人民法院办理执行案件规范》第187条。

乡、民族乡、镇的人民代表大会代表被采取拘留措施的，应当立即报告乡、民族乡、镇的人民代表大会。①

152-4-2 对政协委员的拘留

对各级中国人民政治协商会议委员会委员，需依法采取司法拘留措施的，应向该级中国人民政治协商会议委员会通报。②

152-4-3 对外国人的拘留

对外国人实行拘留措施的案件，执行法院应当将有关案情、处理情况于采取措施的四十八小时内层报所属高级人民法院，同时通报同级人民政府外事办公室。③

153. 限制出境与扣留护照

153-1 限制出境的适用情形

被执行人拒不履行法律文书确定的义务的，执行法院可以对其采取或者通知有关单位协助采取限制出境措施。

被执行人为单位的，可以对其法定代表人、主要负责人或者影响债务履行的直接责任人员限制出境。

被执行人为无民事行为能力人或者限制民事行为能力人的，

---

① 参见《中华人民共和国全国人民代表大会和地方各级人民代表大会代表法》第三十二条第二款、第四款，《人民法院办理执行案件规范》第 190 条。

② 参见《中共中央政法委员会关于对政协委员采取刑事拘留、逮捕强制措施应向所在政协党组通报情况的通知》（政法〔1996〕18 号），《人民法院办理执行案件规范》第 191 条。

③ 参见《外交部、最高人民法院、最高人民检察院、公安部、安全部、司法部关于处理涉外案件若干问题的规定》（外发〔1995〕17 号），《人民法院办理执行案件规范》第 195 条。

可以对其法定代理人限制出境。①

153-2 作出限制出境决定

执行法院决定采取限制出境措施的，应当制作执行决定书，并送达当事人。

决定书应告知被限制出境人如果认为对其限制出境错误的，可以自收到限制出境决定之日起十日内向上一级人民法院申请复议。

被限制出境的人申请复议的，复议期间不停止原决定的执行。②

153-3 通知公安机关限制出境

限制出境的，执行法院应通知公安机关协助办理。

153-4 限制出境的解除

在限制出境期间，被执行人履行法律文书确定的全部债务的，执行法院应当及时解除限制出境措施。

被执行人提供充分、有效的担保或者申请执行人同意的，可以解除限制出境措施。

---

① 参见《中华人民共和国民事诉讼法》（2017年6月27日第三次修正）第二百五十五条，《最高人民法院关于适用〈中华人民共和国民事诉讼法〉执行程序若干问题的解释》（法释〔2008〕13号）第三十七条，《人民法院办理执行案件规范》第196条。

② 参见《最高人民法院关于人民法院办理执行异议和复议案件若干问题的规定》（法释〔2015〕10号）第九条、第十六条第三款，《民事诉讼文书样式》（法〔2016〕221号）执行决定书（限制被执行人出境用），《人民法院办理执行案件规范》第197条第2款、第3款，第199条。

解除限制出境措施的,应当制作执行决定书。①

153-5 扣留护照

执行法院因办理案件需要,可以依法扣押案件当事人的护照。

案件当事人拒不交出护照的,执行法院可以提请护照签发机关宣布案件当事人的护照作废。②

153-6 对外国人限制出境的报备程序

对外国人实行扣留护照、限期出境等措施的案件,应当将有关案情、处理情况于采取措施的四十八小时内报上一级主管机关,同时通报同级人民政府外事办公室。③

154. 信用惩戒

154-1 适用情形

154-1-1 应纳入失信名单的情形

被执行人未履行生效法律文书确定的义务,并具有下列情形之一的,执行法院应当将其纳入失信被执行人名单,依法对其进行信用惩戒:

(一)有履行能力而拒不履行生效法律文书确定义务的;

(二)以伪造证据、暴力、威胁等方法妨碍、抗拒执行的;

---

① 参见《最高人民法院关于适用〈中华人民共和国民事诉讼法〉执行程序若干问题的解释》(法释〔2008〕13号)第三十八条,《民事诉讼文书样式》(法〔2016〕221号)执行决定书(解除限制出境用),《人民法院办理执行案件规范》第198条。

② 参见《中华人民共和国护照法》(2006年4月29日)第十五条。

③ 参见《外交部、最高人民法院、最高人民检察院、公安部、安全部、司法部关于处理涉外案件若干问题的规定》(外发〔1995〕17号),《人民法院办理执行案件规范》第200条。

（三）以虚假诉讼、虚假仲裁或者以隐匿、转移财产等方法规避执行的；

（四）违反财产报告制度的；

（五）违反限制消费令的；

（六）无正当理由拒不履行执行和解协议的。①

154-1-2 不得纳入失信名单的情形

具有下列情形之一的，执行法院不得以被执行人"有履行能力而拒不履行生效法律文书确定义务"为由将被执行人纳入失信被执行人名单：

（一）提供了充分有效担保的；

（二）被采取查封、扣押、冻结等措施的财产足以清偿生效法律文书确定债务的；

（三）被执行人履行顺序在后，对其依法不应强制执行的；

（四）其他不属于有履行能力而拒不履行生效法律文书确定义务的情形。②

154-1-3 未成年人纳入失信名单的禁止

被执行人为未成年人的，执行法院不得将其纳入失信被执行人名单。③

154-2 纳入失信名单的期限

有履行能力而拒不履行生效法律文书确定义务而被纳入失信被执行人名单的，没有期限限制。但符合本指引第154-6-1条

---

① 参见《最高人民法院关于公布失信被执行人名单信息的若干规定》（法释〔2017〕7号）第一条，《人民法院办理执行案件规范》第202条。

② 参见《最高人民法院关于公布失信被执行人名单信息的若干规定》（法释〔2017〕7号）第三条，《人民法院办理执行案件规范》第204条。

③ 参见《最高人民法院关于公布失信被执行人名单信息的若干规定》（法释〔2017〕7号）第四条，《人民法院办理执行案件规范》第205条。

情形的，执行法院应当在三个工作日内在执行案件流程信息管理系统删除失信信息。

因其他情形被纳入失信被执行人名单的，纳入期限为二年。被执行人以暴力、威胁方法妨碍、抗拒执行情节严重或具有多项失信行为的，可以延长一至三年。失信被执行人积极履行生效法律文书确定义务或主动纠正失信行为的，可以决定提前删除失信信息。①

154-3 决定纳入失信名单的程序

申请执行人申请将被执行人纳入失信被执行人名单的，执行法院应当自收到申请之日起十五日内审查并作出决定。执行法院也可以依职权决定将其纳入失信被执行人名单。

执行法院决定将被执行人纳入失信被执行人名单的，应当制作决定书。决定书由院长签发，自作出之日起生效。决定书应当送达当事人。②

154-4 失信名单的公布

154-4-1 通过失信被执行人名单库公布

执行人员应当通过执行案件流程信息管理系统将失信被执行人信息推送最高人民法院失信被执行人名单库，并通过该名单库统一向社会公布。③

---

① 参见《最高人民法院关于公布失信被执行人名单信息的若干规定》（法释〔2017〕7号）第二条，《人民法院办理执行案件规范》第203条。

② 参见《最高人民法院关于公布失信被执行人名单信息的若干规定》（法释〔2017〕7号）第五条第二款、第三款，《人民法院办理执行案件规范》第206条第2款、第3款。

③ 参见《最高人民法院关于公布失信被执行人名单信息的若干规定》（法释〔2017〕7号）第六条、第七条第一款，《人民法院办理执行案件规范》第207条、第208条第1款。

154-4-2 通过媒体公布

执行法院还可以根据实际情况,将失信被执行人名单通过报纸、广播、电视、网络、法院公告栏等其他方式予以公布,并可以采取新闻发布会或者其他方式对本院实施失信被执行人名单制度的情况定期向社会公布。①

154-4-3 特殊主体的通报

国家工作人员、人大代表、政协委员等被纳入失信被执行人名单的,执行法院应当将失信情况通报其所在单位和相关部门。

国家机关、事业单位、国有企业等被纳入失信被执行人名单的,执行法院应当将失信情况通报其上级单位、主管部门或者履行出资人职责的机构。②

154-5 失信信息的撤销与更正

154-5-1 失信信息的撤销

执行法院发现不应纳入失信被执行人名单的公民、法人或其他组织被纳入失信被执行人名单的,应当在三个工作日内撤销失信信息。③

154-5-2 失信信息的更正

执行法院发现记载和公布的失信信息不准确的,应当在三个

---

① 参见《最高人民法院关于公布失信被执行人名单信息的若干规定》(法释〔2017〕7号)第七条第二款,《人民法院办理执行案件规范》第208条第2款。

② 参见《最高人民法院关于公布失信被执行人名单信息的若干规定》(法释〔2017〕7号)第八条第三款、第四款,《人民法院办理执行案件规范》第209条第3款、第4款。

③ 参见《最高人民法院关于公布失信被执行人名单信息的若干规定》(法释〔2017〕7号)第九条第一款,《人民法院办理执行案件规范》第210条第1款。

工作日内更正失信信息。①

154－6 失信信息的删除

154－6－1 应当删除的情形

因有履行能力而拒不履行生效法律文书确定义务而被纳入失信名单的被执行人，具有下列情形之一的，执行法院应当在三个工作日内删除失信信息：

（一）被执行人已履行生效法律文书确定的义务或执行法院已执行完毕的；

（二）当事人达成执行和解协议且已履行完毕的；

（三）申请执行人书面申请删除失信信息，执行法院审查同意的；

（四）终结本次执行程序后，通过网络执行查控系统查询被执行人财产两次以上，未发现有可供执行财产，且申请执行人或者其他人未提供有效财产线索的；

（五）因审判监督或破产程序，人民法院依法裁定对失信被执行人中止执行的；

（六）人民法院依法裁定不予执行的；

（七）人民法院依法裁定终结执行的。

有纳入期限的，不适用前款规定。纳入期限届满后三个工作日内，执行法院应当删除失信信息。失信被执行人积极履行生效法律文书确定义务或主动纠正失信行为的，可以决定提前删除失信信息。②

---

① 参见《最高人民法院关于公布失信被执行人名单信息的若干规定》（法释〔2017〕7号）第九条第二款，《人民法院办理执行案件规范》第210条第2款。

② 参见《最高人民法院关于公布失信被执行人名单信息的若干规定》（法释〔2017〕7号）第二条、第十条第一款、第二款，《人民法院办理执行案件规范》第203条、第211条第1款、第2款。

154 - 6 - 2 删除后的重新纳入

删除失信信息后,被执行人再次发生失信行为,符合纳入失信被执行人名单情形的,可以重新将其纳入失信被执行人名单。

申请执行人书面申请删除失信信息,执行法院经审查删除后,申请执行人在六个月内再次申请将该被执行人纳入失信被执行人名单的,不予支持。①

154 - 7 纳入失信名单的救济

154 - 7 - 1 申请救济的情形

被纳入失信被执行人名单的公民、法人或其他组织认为有下列情形之一的,可以向执行法院申请纠正:

(一)不应将其纳入失信被执行人名单的;

(二)记载和公布的失信信息不准确的;

(三)失信信息应予删除的。②

154 - 7 - 2 救济申请的审查

公民、法人或其他组织对被纳入失信被执行人名单申请纠正的,执行法院应当自收到书面纠正申请之日起十五日内审查,理由成立的,应当在三个工作日内纠正,将失信信息撤销、更正或删除;理由不成立的,决定驳回。驳回决定书应当告知其对驳回决定不服的,可以自决定书送达之日起十日内向上一级人民法院申请复议。

被纳入失信名单的被执行人申请复议的,复议期间不停止原

---

① 参见《最高人民法院关于公布失信被执行人名单信息的若干规定》(法释〔2017〕7 号)第十条第三款、第四款,《人民法院办理执行案件规范》第 211 条第 3 款、第 4 款。

② 参见《最高人民法院关于公布失信被执行人名单信息的若干规定》(法释〔2017〕7 号)第十一条,《人民法院办理执行案件规范》第 212 条。

决定的执行。①

155. 刑事制裁

155-1 移送侦查

执行法院在执行判决、裁定过程中，有下列情形之一的，应当将案件依法移送有管辖权的公安机关立案侦查：

（一）拒不执行判决、裁定情节严重，涉嫌犯罪的；

（二）隐藏、转移、变卖、故意毁损已被法院查封、扣押、冻结的财产，情节严重，涉嫌犯罪的；

（三）暴力抗拒执行，涉嫌犯罪的。②

155-2 先予拘留

对涉嫌非法处置查封、扣押、冻结的财产罪，妨害公务罪，拒不执行判决、裁定罪的，执行中可以先行司法拘留，再移送公安机关立案侦查。③

155-3 检察监督

执行法院认为公安机关应当立案侦查而不立案侦查的，可提

---

① 参见《最高人民法院关于公布失信被执行人名单信息的若干规定》（法释〔2017〕7号）第十二条，《最高人民法院关于人民法院办理执行异议和复议案件若干问题的规定》（法释〔2015〕10号）第十六条第三款，《人民法院办理执行案件规范》第213条。

② 参见《最高人民法院、最高人民检察院、公安部关于依法严肃查处拒不执行判决、裁定和暴力抗拒法院执行犯罪行为的通知》（法发〔2007〕29号）第三条、第七条，《人民法院办理执行案件规范》第223～225条、第230条。

③ 参见《最高人民法院、最高人民检察院、公安部关于依法严肃查处拒不执行判决、裁定和暴力抗拒法院执行犯罪行为的通知》（法发〔2007〕29号）第七条，《人民法院办理执行案件规范》第230条。

请人民检察院予以监督。①

155-4 拒执罪的自诉

155-4-1 可以提起自诉的情形

申请执行人有证据证明同时具有下列情形，涉嫌拒不执行判决、裁定罪的，可以向人民法院提起自诉：

（一）负有执行义务的人拒不执行判决、裁定，侵犯了申请执行人的人身、财产权利，应当依法追究刑事责任的；

（二）申请执行人曾经提出控告，而公安机关或者人民检察院对负有执行义务的人不予追究刑事责任的。②

155-4-2 "不予追究刑事责任"情形的认定

具有下列情形之一的，属于"不予追究刑事责任"的情形：

（一）公安机关、检察机关作出《不予立案通知书》或者《不起诉决定书》的；

（二）申请执行人向公安机关、检察机关报案，公安机关、检察机关不予接收材料、不予答复的。

---

① 参见《最高人民法院、最高人民检察院、公安部关于依法严肃查处拒不执行判决、裁定和暴力抗拒法院执行犯罪行为的通知》（法发〔2007〕29号）第九条，参见《人民法院办理执行案件规范》第235条。

② 参见《最高人民法院关于审理拒不执行判决、裁定刑事案件适用法律若干问题的解释》（法释〔2015〕16号）第三条，《人民法院办理执行案件规范》第231条。

第十一章 执行流程中的特殊事项

156. 当事人的变更、追加

156-1 变更、追加的法定原则

执行过程中,申请执行人或其继承人、权利承受人可以向执行法院申请变更、追加当事人。申请符合法定条件的,执行法院应予支持。非因法定事由,不得变更、追加当事人。①

156-2 变更、追加的申请与审查

申请人申请变更、追加执行当事人,应当向执行法院提交书面申请及相关证据材料。除事实清楚、权利义务关系明确、争议不大的案件外,执行法院应当组成合议庭审查并公开听证。经审查,理由成立的,裁定变更、追加;理由不成立的,裁定驳回。

执行法院应当自收到书面申请之日起六十日内作出裁定,并根据《最高人民法院关于民事执行中变更、追加当事人若干问题的规定》第三十条、第三十二条的规定告知当事人救济途径。有

---

① 参见《最高人民法院关于民事执行中变更、追加当事人若干问题的规定》(法释〔2016〕21号)第一条,《人民法院办理执行案件规范》第43条。

特殊情况需要延长的，由本院院长批准。①

156-3 变更、追加期间的财产保全

执行法院审查变更、追加被执行人申请期间，申请人申请对被申请人的财产采取查封、扣押、冻结措施的，执行法院应当参照民事诉讼法第一百条规定办理。

申请执行人在申请变更、追加第三人前，向执行法院申请查封、扣押、冻结该第三人财产的，执行法院应当参照民事诉讼法第一百零一条规定办理。②

156-4 复议和诉讼期间的执行

被裁定变更、追加的被申请人申请复议或提起执行异议之诉的，复议和诉讼期间，执行法院不得对其争议范围内的财产进行处分。申请人请求执行法院继续执行并提供相应担保的，执行法院可以准许。③

157. 执行和解

157-1 执行和解的内容

在执行中，双方当事人可以自愿达成和解协议，变更生效法律文书确定的履行义务主体、标的物及其数额、履行期限和履行

---

① 参见《最高人民法院关于民事执行中变更、追加当事人若干问题的规定》（法释〔2016〕21号）第二十八条，《人民法院办理执行案件规范》第70条。

② 参见《最高人民法院关于民事执行中变更、追加当事人若干问题的规定》（法释〔2016〕21号）第二十九条，《人民法院办理执行案件规范》第71条。

③ 参见《最高人民法院关于民事执行中变更、追加当事人若干问题的规定》（法释〔2016〕21号）第三十一条第二款，《人民法院办理执行案件规范》第73条第2款。

方式。①

157-2 执行和解的形式

和解协议应当采取书面形式。执行人员应将和解协议副本附卷。无书面协议的,执行人员应将和解协议的内容记入笔录,并由双方当事人签名或盖章。②

157-3 达成执行和解后的处理

申请执行人与被执行人达成和解协议后,执行案件根据下列情形做出相应处理:

(一)申请执行人与被执行人达成和解协议后请求中止执行的,执行法院可以裁定中止执行。

(二)申请执行人与被执行人达成和解协议后请求撤回执行申请的,执行法院可以裁定终结执行,以"终结执行"方式结案,已经采取的查封、扣押、冻结措施应当解除。

(三)执行和解协议已经履行完毕的,执行人员在向申请执行人书面核实后,以"执行完毕"方式结案。

(四)执行和解协议未全部履行完毕,且不符合终结本次执行程序、终结执行条件的,不得作结案处理。③

---

① 参见《最高人民法院关于人民法院执行工作若干问题的规定(试行)》(法释〔1998〕15号)第86条第1款,《人民法院办理执行案件规范》第83条。

② 参见《最高人民法院关于人民法院执行工作若干问题的规定(试行)》(法释〔1998〕15号)第86条第2款,《人民法院办理执行案件规范》第84条。

③ 参见《最高人民法院关于适用〈中华人民共和国民事诉讼法〉的解释》(法释〔2015〕5号)第四百六十六条,《最高人民法院关于人民法院执行工作若干问题的规定(试行)》(法释〔1998〕15号)第87条,《最高人民法院关于执行案件立案、结案若干问题的意见》(法发〔2014〕26号)第十五条、第十七条、第二十三条,《人民法院办理执行案件规范》第85条、第101条第(2)项、第125条第(2)项、第502条、第503条、第504条、第508条。

157-4 执行和解后的恢复执行

157-4-1 申请恢复执行的处理

当事人申请恢复执行的,执行法院根据下列情形做出相应处理:

(一)因达成执行和解协议而中止执行的,申请执行人主张因受欺诈、胁迫与被执行人达成和解协议,或者一方当事人不履行或者不完全履行和解协议,对方当事人申请继续执行原生效法律文书的,执行法院应当恢复原案件的执行,不再重新立案,和解协议已履行的部分应当扣除。恢复执行应当书面通知当事人。

(二)因达成和解协议而撤回执行申请,执行法院裁定终结执行后,申请执行人主张和解协议系受欺诈、胁迫而达成,或者一方当事人不履行或者不完全履行和解协议,对方当事人申请执行原生效法律文书的,执行法院应当恢复执行,立"执恢"字案件。和解协议已履行的部分应当扣除。①

157-4-2 申请恢复执行的期间

终结执行后申请执行人申请恢复执行原生效法律文书的,适用申请执行期间的规定。

申请执行期间因达成执行中的和解协议而中断,其期间自和解协议约定履行期限的最后一日起重新计算。②

157-4-3 执行和解后的不予恢复执行

和解协议已经履行完毕的,不予恢复执行。

---

① 参见《中华人民共和国民事诉讼法》(2017年6月27日第三次修正)第二百三十条,《最高人民法院关于适用〈中华人民共和国民事诉讼法〉的解释》(法释〔2015〕5号)第四百六十七条,《人民法院办理执行案件规范》第86条。

② 参见《最高人民法院关于适用〈中华人民共和国民事诉讼法〉的解释》(法释〔2015〕5号)第四百六十八条,《人民法院办理执行案件规范》第88条。

和解协议的履行虽存在瑕疵，但申请执行人已接受履行且已履行完毕的，不予恢复执行。[1]

158. 执行担保

158-1 执行担保的要件

执行中，被执行人或者他人向执行法院提供担保，并经申请执行人同意的，执行法院可以决定暂缓执行及暂缓执行的期限。[2]

158-2 执行担保的方式

担保可以由被执行人或者他人提供财产担保，也可以由他人提供保证。由他人提供担保的，担保人应当具有代为履行或者代为承担赔偿责任的能力。[3]

158-3 执行担保的办理

他人提供执行保证的，应当向执行法院出具保证书，并将保证书副本送交申请执行人。被执行人或者他人提供财产担保的，应当参照物权法、担保法的有关规定办理相应手续。

对于担保财产，执行法院应当对该财产的权属证书予以扣押，同时向有关部门发出协助执行通知书，要求其在规定的时间

---

[1] 参见《最高人民法院关于适用〈中华人民共和国民事诉讼法〉的解释》（法释〔2015〕5号）第四百六十七条，《人民法院办理执行案件规范》第87条。
[2] 参见《中华人民共和国民事诉讼法》（2017年6月27日第三次修正）第二百三十一条，《人民法院办理执行案件规范》第77条。
[3] 参见《最高人民法院关于适用〈中华人民共和国民事诉讼法〉的解释》（法释〔2015〕5号）第四百七十条第一款，《人民法院办理执行案件规范》第78条第1款。

内不予办理担保财产的转移手续。①

158-4 执行担保后的暂缓执行期限

如果担保是有期限的,暂缓执行的期限应当与担保期限一致,但最长不得超过一年。被执行人或者担保人对担保的财产在暂缓执行期间有转移、隐藏、变卖、毁损等行为的,执行法院可以恢复强制执行。②

158-5 执行担保的效力

被执行人在执行法院决定暂缓执行的期限届满后仍不履行义务的,执行法院可以直接执行担保财产,或者裁定执行担保人的财产,但执行担保人的财产以担保人应当履行义务部分的财产为限。③

159. 暂缓执行

执行程序开始后,执行法院可以根据《最高人民法院关于正确适用暂缓执行措施若干问题的规定》,决定对某一项或者某几项执行措施在规定的期限内暂缓实施。

非因法定事由不得决定暂缓执行。

---

① 参见《最高人民法院关于适用〈中华人民共和国民事诉讼法〉的解释》(法释〔2015〕5号)第四百七十条第二款,《最高人民法院关于适用〈中华人民共和国担保法〉若干问题的规定》(法释〔2000〕44号)第一百三十二条,《人民法院办理执行案件规范》第78条第2款、第79条。

② 参见《最高人民法院关于适用〈中华人民共和国民事诉讼法〉的解释》(法释〔2015〕5号)第四百六十九条,《人民法院办理执行案件规范》第80条。

③ 参见《最高人民法院关于适用〈中华人民共和国民事诉讼法〉的解释》(法释〔2015〕5号)第四百七十一条,《人民法院办理执行案件规范》第81条。

160. 中止执行

160-1 中止执行的情形

160-1-1 裁定中止执行的情形

执行中，遇有下列情形之一的，执行实施机构应当裁定中止执行或裁定对部分被执行人中止执行：

（一）申请执行人表示可以延期执行的；

（二）作为一方当事人的公民死亡，需要等待继承人继承权利或者承担义务的；

（三）作为一方当事人的法人或者其他组织终止，尚未确定权利义务承受人的；

（四）人民法院已受理以被执行人为债务人的破产申请的，或者依据《最高人民法院关于适用〈中华人民共和国民事诉讼法〉的解释》第五百一十三条规定，将案件移送破产审查的；

（五）一方当事人申请执行仲裁裁决，另一方当事人申请撤销仲裁裁决的；

（六）仲裁裁决的被申请人向人民法院提出不予执行请求，并提供适当担保的；

（七）执行过程中发现有非法集资犯罪嫌疑的，或者执行标的物属于公安机关、人民检察院、人民法院侦查、起诉、审理非法集资刑事案件的涉案财物的；

（八）人民法院认为应当中止执行的其他情形。

裁定对部分被执行人中止执行的，不影响对同一执行案件其他被执行人的执行。

申请执行人与被执行人达成和解协议后请求中止执行的，执行实施机构可以裁定中止执行。①

160-1-2 根据审判机构裁定中止执行的情形

执行中,遇有下列情形之一的,执行实施机构应当根据审判机构或执行审查机构的中止执行裁定中止执行:

(一)按照审判监督程序提审或再审的案件,上级法院或本院作出中止执行裁定书的;

(二)人民法院受理第三人撤销之诉案件后,受理第三人撤销之诉的法院作出中止执行裁定书的。②

160-1-3 根据执行审查机构的裁定对执行标的中止执行的情形

执行中,案外人对执行标的提出确有理由的异议,执行审查机构裁定对执行标的中止执行的,执行实施机构据此中止执行。③

160-1-4 不得作结案处理

中止执行不得作结案处理。④

---

① 参见《中华人民共和国民事诉讼法》(2017年6月27日第三次修正)第二百五十六条第一款,《最高人民法院关于执行工作若干问题的规定(试行)》(法释〔1998〕15号)第102条第(1)项、第(4)项、第(5)项,《最高人民法院关于适用〈中华人民共和国民事诉讼法〉的解释》(法释〔2015〕5号)第四百六十六条、第五百一十三条,《最高人民法院、最高人民检察院、公安部关于办理非法集资刑事案件适用法律若干问题的意见》(2014年3月25日)第七条,《最高人民法院关于执行案件移送破产审查若干问题的指导意见》(法发〔2017〕2号)第8条,《人民法院办理执行案件规范》第85条第1款、第100条、第101条第(2)项、第136条。

② 参见《中华人民共和国民事诉讼法》(2017年6月27日第三次修正)第二百零六条、第二百二十七条,《最高人民法院关于适用〈中华人民共和国民事诉讼法〉的解释》(法释〔2015〕5号)第二百九十九条、第三百九十六条,《人民法院办理执行案件规范》第100条第(9)项、第101条第(1)项。

③ 参见《中华人民共和国民事诉讼法》(2017年6月27日第三次修正)第二百二十七条,《最高人民法院关于适用〈中华人民共和国民事诉讼法〉的解释》(法释〔2015〕5号)第四百六十五条,《人民法院办理执行案件规范》第935条。

④ 参见《最高人民法院关于执行案件立案、结案若干问题的意见》(法发〔2014〕26号)第二十三条第(一)项,《人民法院办理执行案件规范》第508条第(1)项。

160-2 中止执行裁定

执行实施机构裁定中止执行的,应当依法制作裁定书,载明中止执行的事由和依据。

中止执行裁定应当送达当事人,裁定送达当事人后立即生效。①

160-3 中止执行后的恢复执行

中止执行的情形消失后,执行法院可以根据当事人的申请或依职权恢复执行。

恢复执行应当书面通知当事人。②

160-4 中止执行后执行依据被维持、撤销、变更的处理

因据以执行的法律文书审查而中止执行的,审查完毕后执行实施机构应当根据审查结果做出相应处理:

(一)据以执行的法律文书经再审被维持的,或者被执行人撤销仲裁裁决申请、不予执行仲裁裁决申请、不予执行公证债权文书申请被驳回的,执行实施机构应恢复执行。

(二)据以执行的法律文书经再审被变更,或者人民法院对仲裁裁决、公证债权文书裁定部分不予执行,根据新的执行依据仍需继续执行的,执行实施机构应恢复执行。

(三)据以执行的法律文书经再审被变更,或者人民法院对仲裁裁决、公证债权文书裁定部分不予执行,但已执行的内容相

---

① 参见《中华人民共和国民事诉讼法》(2017年6月27日第三次修正)第二百五十八条,《最高人民法院关于人民法院执行工作若干问题的规定(试行)》(法释〔1998〕15号)第106条,《人民法院办理执行案件规范》第102条。

② 参见《最高人民法院关于人民法院执行工作若干问题的规定(试行)》(法释〔1998〕15号)第104条,《人民法院办理执行案件规范》第103条。

当于或超出新的执行依据所确定内容的,以"执行完毕"方式结案,执行实施机构应制作结案通知书并发送当事人。需要执行回转的,依照本指引第 162 条办理。

(四)据以执行的法律文书被撤销的,裁定终结执行;仲裁裁决、公证债权文书被裁定不予执行的,以"不予执行"方式结案。需要执行回转的,依照本指引第 162 条办理。①

160-5 中止执行期间的事项处理

160-5-1 续行查封、扣押、冻结

中止执行期间,因查封、扣押、冻结期限届满需要对执行标的物办理续行查封、扣押、冻结手续的,执行实施机构应当根据申请执行人的申请办理续行查封、扣押、冻结手续,也可以依职权办理续行查封、扣押、冻结手续。②

160-5-2 异议的处理

中止执行期间,当事人、利害关系人依据民事诉讼法第二百二十五条的规定提出异议,或者案外人依据民事诉讼法第二百二十七条的规定提出异议的,执行审查机构应当依法进行审查并作出裁定。执行实施机构应当根据审查结果做出相应处理。③

160-5-3 变更、追加当事人的处理

中止执行期间,申请执行人或其继承人、权利承受人申请变

---

① 参见《最高人民法院关于人民法院执行工作若干问题的规定(试行)》(法释〔1998〕15 号)第 104 条,《最高人民法院关于执行案件立案、结案若干问题的意见》(法发〔2014〕26 号)第十五条、第十九条,《人民法院办理执行案件规范》第 103 条、第 502 条、第 506 条。

② 参见《最高人民法院关于适用〈中华人民共和国民事诉讼法〉的解释》(法释〔2015〕5 号)第四百八十七条第二款、第三款,《人民法院办理执行案件规范》第 104 条。

③ 参见《人民法院办理执行案件规范》第 105 条。

更、追加执行当事人的，执行法院应当依法审查并作出处理。①

161. 执行异议、复议与执行异议之诉

161-1 管辖异议审查期间的执行

管辖权异议审查和复议期间，不停止执行。②

161-2 执行行为异议审查期间的执行

执行行为异议审查期间，不停止执行。

被执行人、利害关系人提供充分、有效的担保请求停止相应处分措施的，人民法院可以准许；申请执行人提供充分、有效的担保请求继续执行的，应当继续执行。③

161-3 案外人异议审查期间中的执行

执行过程中，案外人对执行标的提出书面异议的，案外人异议审查期间，执行实施机构不得对执行标的进行处分。

案外人向人民法院提供充分、有效的担保请求解除对异议标的的查封、扣押、冻结的，人民法院可以准许。因案外人提供担保解除查封、扣押、冻结有错误，致使该标的无法执行的，执行实施机构可以直接执行担保财产。

申请执行人提供充分、有效的担保请求继续执行的，应当继续执行。申请执行人提供担保请求继续执行有错误，给对方造成

---

① 参见《人民法院办理执行案件规范》第106条。
② 参见《最高人民法院关于适用〈中华人民共和国民事诉讼法〉执行程序若干问题的解释》（法释〔2008〕13号）第三条第三款，《人民法院办理执行案件规范》第920条第3款。
③ 参见《最高人民法院关于适用〈中华人民共和国民事诉讼法〉执行程序若干问题的解释》（法释〔2008〕13号）第十条，《人民法院办理执行案件规范》第916条。

损失的，应当予以赔偿。

案外人撤回异议的，执行实施机构可以根据申请执行人的申请或者依职权恢复执行。①

161-4 案外人异议审查后的执行

执行审查机构裁定驳回案外人异议的，裁定送达案外人之日起十五日内，执行实施机构不得对执行标的进行处分。案外人在法律规定的期间内未提起执行异议之诉的，执行实施机构可以根据申请执行人的申请或者依职权恢复执行。

执行审查机构裁定中止执行的，执行实施机构根据中止执行裁定对执行标的中止执行。申请执行人在法律规定的期间内未提起执行异议之诉的，执行实施机构应当自起诉期限届满之日起七日内解除对该执行标的采取的执行措施。②

161-5 案外人异议之诉审理期间的执行

案外人提起执行异议之诉的，执行异议之诉审理期间，执行实施机构不得对执行标的进行处分。

驳回案外人执行异议裁定送达案外人之日起十五日内及案外人异议之诉审理期间，申请执行人请求人民法院继续执行并提供相应担保的，人民法院可以准许。申请执行人提供担保请求继续执行有错误，对方因此受到损害的，应当予以赔偿。

被执行人与案外人恶意串通，通过执行异议、执行异议之诉妨害执行的，人民法院应当根据情节轻重予以罚款、拘留；构成

---

① 参见《最高人民法院关于适用〈中华人民共和国民事诉讼法〉执行程序若干问题的解释》（法释〔2008〕13号）第十六条，《人民法院办理执行案件规范》第937条。
② 参见《最高人民法院关于适用〈中华人民共和国民事诉讼法〉的解释》（法释〔2015〕5号）第三百一十六条、第四百六十五条第二款，《人民法院办理执行案件规范》第937条第1款、第939条。

犯罪的，依法追究刑事责任。申请执行人因此受到损害的，可以提起诉讼要求被执行人、案外人赔偿。①

161-6 案外人异议之诉审理后的执行

申请执行人提起执行异议之诉，人民法院判决准许对该执行标的执行的，执行异议裁定失效，执行实施机构可以根据申请执行人的申请或者依职权恢复执行；判决驳回申请执行人诉讼请求的，执行实施机构应当自判决生效后七日内解除对该执行标的采取的执行措施。

案外人提起执行异议之诉，人民法院判决不得对执行标的执行的，执行异议裁定失效，执行实施机构应当自判决生效之日起七日内解除对该执行标的采取的执行措施；判决驳回案外人诉讼请求的，执行实施机构可以根据申请执行人的申请或者依职权恢复执行。②

162. 执行回转

162-1 执行回转的情形

在执行中或执行完毕后，据以执行的法律文书被人民法院或其他有关机关撤销或变更，依据新的法律文书需要执行回转的，原执行法院应当依当事人申请或依职权对已被执行的财产予以执行回转。

前款中"新的生效法律文书"是指人民法院或者其他有权机关，针对原据以执行的法律文书所涉纠纷，作出终局性解决的新

---

① 参见《最高人民法院关于适用〈中华人民共和国民事诉讼法〉的解释》（法释〔2015〕5号）第三百一十五条，《人民法院办理执行案件规范》第938条。

② 参见《最高人民法院关于适用〈中华人民共和国民事诉讼法〉的解释》（法释〔2015〕5号）第三百一十四条，《人民法院办理执行案件规范》第940条。

的生效法律文书。①

162-2 执行回转的程序

当事人申请执行回转或执行法院依职权决定执行回转的,应重新立案。立案后应根据新的法律文书及原执行案件的执行情况,作出执行回转的裁定,确定原申请执行人应返还的财产及其孳息,责令其返还。拒不返还的,适用执行程序的有关规定强制执行。②

---

① 参见《中华人民共和国民事诉讼法》(2017年6月27日第三次修正)第二百三十三条,《最高人民法院关于人民法院执行工作若干问题的规定(试行)》(法释〔1998〕15号)第109条第1款,《人民法院办理执行案件规范》第248条第1款。

② 参见《最高人民法院关于适用〈中华人民共和国民事诉讼法〉的解释》(法释〔2015〕5号)第二百三十三条,《最高人民法院关于人民法院执行工作若干问题的规定(试行)》(法释〔1998〕15号)第109条,《人民法院办理执行案件规范》第248条。

第十二章 执行期限

163. 期限规定

民事执行实施案件一般应当在立案之日起六个月内执行结案。①

164. 期限的延长

有特殊情况需要延长执行期限的，经本院院长批准，可以延长三个月，还需延长的，层报高级人民法院备案。

申请延长执行期限的，应当在期限届满前五日内提出。②

165. 期限的扣除

下列期间不计入办案期限：

（一）审查当事人提出的管辖权异议和处理法院之间的管辖争议的期间；

（二）由有关专业机构进行审计、评估、资产清理的期间；

---

① 参见《最高人民法院关于人民法院执行工作若干问题的规定（试行）》（法释〔1998〕15号）第107条，《最高人民法院关于严格执行案件审理期限制度的若干规定》（法释〔2000〕29号）第五条，《最高人民法院关于人民法院办理执行案件若干期限的规定》（法发〔2006〕35号）第一条。

② 参见《最高人民法院关于人民法院办理执行案件若干期限的规定》（法发〔2006〕35号）第一条第二款、第三款。

（三）执行中拍卖、变卖被查封、扣押财产的期间；

（四）公告送达执行法律文书的期间；

（五）暂缓执行的期间；

（六）中止执行的期间；

（七）就法律适用问题向上级法院请示的期间；

（八）与其他法院发生执行争议报请共同的上级法院协调处理的期间。①

---

① 参见《最高人民法院关于人民法院执行工作若干问题的规定（试行）》（法释〔1998〕15号）第107条，《最高人民法院关于严格执行案件审理期限制度的若干规定》（法释〔2000〕29号）第九条，《最高人民法院关于人民法院办理执行案件若干期限的规定》（法发〔2006〕35号）第十三条。

第十三章 终结本次执行程序

166. 终结本次执行程序的条件

执行实施案件同时符合下列条件的,可以"终结本次执行程序"方式结案:

(一)已向被执行人发出执行通知、责令被执行人报告财产。

(二)已向被执行人发出限制消费令,并将符合条件的被执行人纳入失信被执行人名单。

(三)已穷尽财产调查措施,未发现被执行人有可供执行的财产或者发现的财产不能处置。

(四)自执行案件立案之日起已超过三个月。

(五)被执行人下落不明的,已依法予以查找;被执行人或者其他人妨害执行的,已依法采取罚款、拘留等强制措施,构成犯罪的,已依法启动刑事责任追究程序。[①]

167. "责令被执行人报告财产"应完成事项

本指引第166条第(1)项中的"责令被执行人报告财产",是指应当完成下列事项:

(一)向被执行人发出报告财产令;

---

① 参见《最高人民法院关于严格规范终结本次执行程序的规定(试行)》(法〔2016〕373号)第一条,《人民法院办理执行案件规范》第107条。

（二）对被执行人报告的财产情况予以核查；

（三）对逾期报告、拒绝报告或者虚假报告的被执行人或者相关人员，依法采取罚款、拘留等强制措施，构成犯罪的，依法启动刑事责任追究程序。

执行人员应当将财产报告、核实及处罚的情况记录入卷。①

168. "穷尽财产调查措施"应完成事项

本指引第 166 条第（3）项中的"已穷尽财产调查措施"，是指应当完成下列调查事项：

（一）对申请执行人或者其他人提供的财产线索进行核查；

（二）通过网络执行查控系统对被执行人的存款、车辆及其他交通运输工具、不动产、有价证券等财产情况进行查询；

（三）无法通过网络执行查控系统查询本款第二项规定的财产情况的，在被执行人住所地或者可能隐匿、转移财产所在地进行必要调查；

（四）被执行人隐匿财产、会计账簿等资料且拒不交出的，依法采取搜查措施；

（五）经申请执行人申请，根据案件实际情况，依法采取审计调查、公告悬赏等调查措施；

（六）法律、司法解释规定的其他财产调查措施。

人民法院应当将财产调查情况记录入卷。②

169. "发现的财产不能处置"情形

本指引第 166 条第（3）项中的"发现的财产不能处置"，

---

① 参见《最高人民法院关于严格规范终结本次执行程序的规定（试行）》（法〔2016〕373 号）第二条，《人民法院办理执行案件规范》第 108 条。

② 参照《最高人民法院关于严格规范终结本次执行程序的规定（试行）》（法〔2016〕373 号）第三条，《人民法院办理执行案件规范》第 109 条。

包括下列情形:

(一) 被执行人的财产经法定程序拍卖、变卖未成交,申请执行人不接受抵债或者依法不能交付其抵债,又不能对该财产采取强制管理等其他执行措施的;

(二) 人民法院在登记机关查封的被执行人车辆、船舶等财产,未能实际扣押的。①

170. 终结本次执行程序的流程

170-1 终本约谈

终结本次执行程序前,执行人员应当将案件执行情况、采取的财产调查措施、被执行人的财产情况、终结本次执行程序的依据及法律后果等信息告知申请执行人。听取申请执行人对终结本次执行程序的意见,并记录入卷。②

170-2 审批要求

170-2-1 经申请执行人同意

经过财产调查未发现可供执行的财产,经申请执行人同意并签字确认后,可以裁定终结本次执行程序。③

170-2-2 未经申请执行人同意

经过财产调查未发现可供执行的财产,未经申请执行人同意的,执行法院组成合议庭审查核实并经院长批准后,可以裁定终

---

① 参见《最高人民法院关于严格规范终结本次执行程序的规定(试行)》(法〔2016〕373号)第四条,《人民法院办理执行案件规范》第110条。

② 参见《最高人民法院关于严格规范终结本次执行程序的规定(试行)》(法〔2016〕373号)第五条,《人民法院办理执行案件规范》第111条。

③ 参见《最高人民法院关于适用〈中华人民共和国民事诉讼法〉的解释》(法释〔2015〕5号)第五百一十九条,《人民法院办理执行案件规范》第112条。

结本次执行程序。①

170 -3 制作裁定并上网公开

终结本次执行程序应当作出裁定,裁定书应载明下列内容:
(一)申请执行的债权情况;
(二)执行经过及采取的执行措施、强制措施;
(三)查明的被执行人财产情况;
(四)实现的债权情况;
(五)申请执行人享有要求被执行人继续履行债务及依法向人民法院申请恢复执行的权利,被执行人负有继续向申请执行人履行债务的义务。

终结本次执行程序裁定书应当依法在互联网上公开。②

170 -4 送达裁定与结案

终结本次执行程序裁定书送达申请执行人后,执行案件可以作结案处理。③

170 -5 录入终结本次执行程序信息库并公开信息

170 -5 -1 录入终本信息库

终结本次执行程序裁定书送达申请执行人以后,执行人员应当在七日内将信息录入最高人民法院建立的终结本次执行程序案

---

① 参见《最高人民法院关于适用〈中华人民共和国民事诉讼法〉的解释》(法释〔2015〕5号)第五百一十九条,《人民法院办理执行案件规范》第112条。
② 参见《最高人民法院关于严格规范终结本次执行程序的规定(试行)》(法〔2016〕373号)第六条第一款、第三款,《人民法院办理执行案件规范》第113条第1款、第3款。
③ 参见《最高人民法院关于严格规范终结本次执行程序的规定(试行)》(法〔2016〕373号)第六条第二款,《人民法院办理执行案件规范》第113条第2款。

件信息库,并通过该信息库统一向社会公布。①

170-5-2 错误信息的更正

当事人、利害关系人认为公布的终结本次执行程序案件信息错误的,可以向执行法院申请更正。执行法院审查属实的,应当在三日内予以更正。②

170-6 符合条件的移送破产

案件符合终结本次执行程序条件,又符合移送破产审查相关规定的,执行法院应当在作出终结本次执行程序裁定的同时,依照本指引第 133 条至第 140 条的规定将执行案件相关材料移送被执行人住所地人民法院进行破产审查。③

171. 终结本次执行程序后的查控与恢复执行

171-1 定期查询

终结本次执行程序后的五年内,执行法院应当每六个月通过网络执行查控系统查询一次被执行人的财产,并将查询结果告知申请执行人。④

171-2 发现财产的恢复执行

终结本次执行程序后,申请执行人发现被执行人有可供执行

---

① 参见《最高人民法院关于严格规范终结本次执行程序的规定(试行)》(法〔2016〕373 号)第十二条,《人民法院办理执行案件规范》第 119 条第 1 款。
② 参见《最高人民法院关于严格规范终结本次执行程序的规定(试行)》(法〔2016〕373 号)第十四条,《人民法院办理执行案件规范》第 120 条。
③ 参见《最高人民法院关于严格规范终结本次执行程序的规定(试行)》(法〔2016〕373 号)第十一条,《人民法院办理执行案件规范》第 118 条。
④ 参见《最高人民法院关于严格规范终结本次执行程序的规定(试行)》(法〔2016〕373 号)第九条第二款,《人民法院办理执行案件规范》第 116 条第 2 款。

财产而申请恢复执行，执行法院核查属实的，应当恢复执行，立"执恢"字案件。申请恢复执行不受申请执行时效期间的限制。①

171-3 发现财产的立即控制

终结本次执行程序后，发现被执行人有可供执行财产，不立即采取执行措施可能导致财产被转移、隐匿、出卖或者毁损的，执行法院可以依申请执行人申请或依职权立即采取查封、扣押、冻结等控制性措施。②

172. 终结本次执行程序后的特殊事项处理

172-1 续行查封、扣押、冻结

终结本次执行程序后，已对被执行人依法采取的执行措施和强制措施继续有效。申请执行人申请延长查封、扣押、冻结期限的，执行法院应当依法办理续行查封、扣押、冻结手续。③

172-2 变更、追加当事人

终结本次执行程序后，当事人、利害关系人申请变更、追加执行当事人，符合法定情形的，执行法院应予支持。变更、追加被执行人后，申请执行人申请恢复执行的，人民法院应予支持。④

---

① 参见《最高人民法院关于严格规范终结本次执行程序的规定（试行）》（法〔2016〕373号）第九条第一款，《人民法院办理执行案件规范》第116条第1款。

② 参见《最高人民法院关于严格规范终结本次执行程序的规定（试行）》（法〔2016〕373号）第十条，《人民法院办理执行案件规范》第117条。

③ 参见《最高人民法院关于严格规范终结本次执行程序的规定（试行）》（法〔2016〕373号）第十五条、第十六条第一款，《人民法院办理执行案件规范》第121条、第122条第1款。

④ 参见《最高人民法院关于严格规范终结本次执行程序的规定（试行）》（法〔2016〕373号）第十六条第二款，《人民法院办理执行案件规范》第122条第2款。

172-3 强制措施的采取

终结本次执行程序后,被执行人或者其他人妨害执行的,执行法院可以依法予以罚款、拘留;构成犯罪的,依法追究刑事责任。[1]

172-4 执行异议的处理

终结本次执行程序后,当事人、利害关系人依据民事诉讼法第二百二十五条的规定提出异议,或者案外人依据民事诉讼法第二百二十七条的规定提出异议的,执行审查机构应当依法进行审查并作出裁定。执行实施机构应当根据审查结果作出相应处理。

173. 终本信息的屏蔽

有下列情形之一的,执行法院应当在三日内将案件信息从终结本次执行程序案件信息库中屏蔽:

（一）生效法律文书确定的义务执行完毕的;
（二）依法裁定终结执行的;
（三）依法应予屏蔽的其他情形。[2]

---

[1] 参见《最高人民法院关于严格规范终结本次执行程序的规定（试行）》（法〔2016〕373号）第十七条,《人民法院办理执行案件规范》第123条。

[2] 参见《最高人民法院关于严格规范终结本次执行程序的规定（试行）》（法〔2016〕373号）第十八条,《人民法院办理执行案件规范》第124条。

第十四章 执行结案

174. 结案方式

除执行财产保全裁定、恢复执行的案件外,其他执行实施类案件的结案方式包括:

(一)执行完毕;
(二)终结本次执行程序;
(三)终结执行;
(四)销案;
(五)不予执行;
(六)驳回申请。[①]

175. 执行完毕

175-1 执行完毕的情形

执行实施案件立案后,符合下列情形之一的,可以"执行完毕"结案:

(一)被执行人自动履行完毕;
(二)人民法院强制执行,已全部执行完毕;

---

① 参见《最高人民法院关于执行案件立案、结案若干问题的意见》(法发〔2014〕26号)第十四条,《人民法院办理执行案件规范》第501条。

（三）当事人达成执行和解协议，且执行和解协议履行完毕。①

175 -2 执行完毕的结案程序

执行完毕一般应制作结案通知书并发送当事人。

双方当事人书面认可执行完毕或口头认可执行完毕并记入笔录的，无需制作结案通知书。②

176. 不予执行

执行实施案件立案后，有下列情形之一的，可以"不予执行"结案：

（一）被执行人对仲裁裁决提出不予执行申请，经执行审查机构审查，裁定不予执行的；

（二）被执行人对公证债权文书提出不予执行申请，经执行审查机构审查，裁定不予执行的。③

177. 驳回申请

执行实施案件立案后，有下列情形之一的，可以"驳回申请"结案：

（一）执行实施机构发现不符合法律、司法解释规定的受理条件，裁定驳回申请，申请执行人在法定期限内未申请复议，或经复议被驳回的；

（二）被执行人认为执行案件不符合受理条件而提出异议，

---

① 参见《最高人民法院关于执行案件立案、结案若干问题的意见》（法发〔2014〕26号）第十五条第一款，《人民法院办理执行案件规范》第502条第1款。

② 参见《最高人民法院关于执行案件立案、结案若干问题的意见》（法发〔2014〕26号）第十五条第二款，《人民法院办理执行案件规范》第502条第2款。

③ 参见《《最高人民法院关于执行案件立案、结案若干问题的意见》（法发〔2014〕26号）第十九条，《人民法院办理执行案件规范》第506条。

执行审查机构经审查认为异议成立，裁定驳回执行申请后，申请执行人在法定期限内未申请复议，或经复议被驳回的。①

178. 销案

执行实施案件立案后，有下列情形之一的，可以"销案"方式结案：

（一）被执行人提出管辖异议，经审查异议成立，将案件移送有管辖权的法院或申请执行人撤回申请的；

（二）发现其他有管辖权的人民法院已经立案在先的；

（三）受托法院报经高级人民法院同意退回委托的。②

179. 终结执行

179-1 终结执行的情形

执行实施案件具有下列情形之一的，人民法院应当裁定终结执行，以"终结执行"结案：

（一）申请执行人撤回执行申请的；

（二）据以执行的法律文书被撤销的；

（三）作为被执行人的公民死亡，无遗产可供执行，又无义务承担人的；

（四）追索赡养费、扶养费、抚育费案件的权利人死亡的；

（五）作为被执行人的公民因生活困难无力偿还借款，无收入来源，又丧失劳动能力的；

---

① 参见《最高人民法院关于执行案件立案、结案若干问题的意见》（法发〔2014〕26 号）第二十条，《人民法院办理执行案件规范》第 320 条、第 507 条、第 919 条。

② 参见《最高人民法院关于执行案件立案、结案若干问题的意见》（法发〔2014〕26 号）第十八条，《人民法院办理执行案件规范》第 505 条。

(六) 被执行人被人民法院裁定宣告破产的;

(七) 被执行人在破产程序中与全体债权人达成破产和解协议经破产法院确认并已履行完毕的;

(八) 作为被执行人的企业法人或其他组织被撤销、注销、吊销营业执照或者歇业、终止后既无财产可供执行,又无义务承受人,也没有能够依法追加变更执行主体的;

(九) 案件被上级人民法院裁定提级执行或者指定由其他法院执行的;

(十) 按照《最高人民法院关于委托执行若干问题的规定》,办理了委托执行手续,且收到受托法院立案通知书的;

(十一) 特定物的执行中,特定物毁损、灭失,双方当事人对折价赔偿又不能协商一致的;

(十二) 被执行人对申请执行时效期间提出异议,经执行审查机构审查异议成立,裁定不予执行后,申请执行人在法定期限内未申请复议,或经复议被驳回的;

(十三) 人民法院认为应当终结执行的其他情形。①

179-2 终结执行裁定

终结执行应当依法制作裁定书,载明终结执行的事由和法律依据。

终结执行裁定应当送达当事人,裁定送达当事人后立即生效。执行法院在送达终结执行裁定书时应同时告知当事人、利害关系人自收到裁定之日起六十日内可以依照民事诉讼法第二百二

---

① 参见《中华人民共和国民事诉讼法》(2017年6月27日第三次修正)第二百五十七条,《最高人民法院关于适用〈中华人民共和国民事诉讼法〉的解释》(法释〔2015〕5号)第四百六十六条,《最高人民法院关于执行案件立案、结案若干问题的意见》(法发〔2014〕26号)第十七条第一款,《人民法院办理执行案件规范》第125条。

十五条规定对终结执行行为提出异议。

被提级执行、指定执行的,委托其他法院执行的,超过申请执行时效期间裁定不予执行的,可以不制作终结执行裁定书。①

179-3 终结执行后的再次申请执行

179-3-1 再次申请执行的一般规定

终结执行的案件,申请执行的条件具备时,申请执行人申请恢复执行的,执行法院应当恢复执行,立"执恢"字案件。②

179-3-2 撤回申请终结执行的再次申请执行

因撤回申请而终结执行后,当事人在申请执行时效期间内再次申请执行的,执行法院应当恢复执行。

因达成和解协议而撤回执行申请的,申请执行人申请恢复原生效法律文书的执行,应符合本指引第157条执行和解部分的相关规定。③

180. 终结本次执行程序

执行实施案件具备本指引第166条规定条件的,可以"终结本次执行程序"方式结案。

---

① 参见《中华人民共民国民事诉讼法》(2017年6月27日第三次修正)第二百五十八条,《最高人民法院关于人民法院执行工作若干问题的规定(试行)》(法释〔1998〕15号)第106条,《最高人民法院关于对人民法院终结执行行为提出执行异议期限问题的批复》(法释〔2016〕3号),《最高人民法院关于执行案件立案、结案若干问题的意见》(法发〔2014〕26号)第十七条第二款,《人民法院办理执行案件规范》第126条。

② 参见《最高人民法院关于执行案件立案、结案若干问题的意见》(法发〔2014〕26号)第六条第(五)项,《人民法院办理执行案件规范》第127条第1款。

③ 参见《最高人民法院关于适用〈中华人民共和国民事诉讼法〉的解释》(法释〔2015〕5号)第五百二十条,《人民法院办理执行案件规范》第127条第2款、第3款。

第二编 非金钱给付请求权的执行

第十五章　物的交付请求权的执行

181. 通知交付

执行人员接到申请执行书或者移交执行书后,应当向被执行人发出执行通知,责令被执行人自动交付财物或者票证。

执行通知中应载明被执行人未按判决、裁定和其他法律文书指定的期间履行非金钱给付义务的,应当支付迟延履行金以及有关纳入失信被执行人名单的风险提示内容等相关逾期不履行义务的法律后果。

182. 采取执行措施

被执行人未按执行通知指定期限履行,执行法院可以予以拘留、罚款,纳入失信被执行人名单;情节严重,构成犯罪的,追究其刑事责任。令其自动交付财物或者票证。

被执行人未按执行通知指定期限履行,执行法院可以直接强制交付。

一、不动产的交付

183. 签发公告

被执行人未按执行通知指定期限履行,需要强制迁出房屋或者强制退出土地,由院长签发公告,责令被执行人在指定期间履行。

被执行人逾期不履行的,强制执行。①

184. 通知相关人员到场

强制执行时,被执行人是自然人的,应当通知被执行人或者他的成年家属到场;被执行人是法人或者其他组织的,应当通知其法定代表人或者主要负责人到场。拒不到场的,不影响执行。被执行人是自然人的,其工作单位或者房屋、土地所在地的基层组织应当派人参加。执行人员应当将强制执行情况记入笔录,由在场人签名或者盖章。②

执行过程应当全程录音录像。

185. 强制迁出

185-1 被执行人占有的处理

被执行人占有不动产拒不迁出的,需要将不动产上不属于执行标的的物品除去的,可以强制迁出。被搬出的财物,由执行法院派人运至指定处所,交给被执行人。被执行人是自然人的,也可以交给他的成年家属。因拒绝接收而造成的损失,由被执行人承担。③

---

① 参见《中华人民共和国民事诉讼法》(2017年6月27日第三次修正)第二百五十条第一款,《人民法院办理执行案件规范》第640条第1款。
② 参见《中华人民共和国民事诉讼法》(2017年6月27日第三次修正)第二百五十条第二款,《人民法院办理执行案件规范》第640条第2款。
③ 参见《中华人民共和国民事诉讼法》(2017年6月27日第三次修正)第二百五十条第三款,《人民法院办理执行案件规范》第640条第3款。

185-2 案外人占有的处理

案外人无合法依据占有被执行的不动产的,执行法院依法可以强制迁出;案外人拒不迁出,对标的物上的财产,执行法院可以指定他人保管并通知领取;案外人不领取或下落不明的,为避免保管费用过高或财产价值减损,可以处分该财产,处分所得价款,扣除搬迁、保管及拍卖变卖等相关费用后保存于执行法院账户,通知该案外人限期内领取。逾期不领取的,可予以提存。①

185-3 迁出财产清单

强制迁出过程中,应当对搬出的财物登记造册,制作财产清单,交当事人各一份,留底备案一份。

185-4 强制迁出需注意的事项

需要强制迁出房屋或者强制退出土地,需要注意以下事项:

(一)前期实地调查,充分了解不动产的占有使用情况,物品设备种类、数量以及存放情况,迁出难易、危险程度,被执行人及其他人的配合情况等;

(二)对被执行人的说服教育和间接强制措施相结合,尽可能使其自动交付,或者同申请执行人协商解决;

(三)做好执行预案,如联系参与现场执行的单位、明确人员及职责分工,以及具体执行措施的实施步骤,指定搬出物品的保管方式和场地,对可能发生突发事件的应对等事项;

(四)现场执行时应注意对被执行人和其他相关人员的控制,以及财产的清点造册;

(五)强制迁出过程中发生突发事件的,应依照《最高人民

---

① 参见《最高人民法院关于法院执行程序中能否对案外人财产进行处理的请示的答复》(〔2010〕执他字第1号),《人民法院办理执行案件规范》第644条。

法院关于人民法院预防和处理执行突发事件的若干规定（试行）》的有关规定处理应对；

（六）现场执行时应佩带执法记录仪或音像设备，对现场执行活动进行全程记录。

186. 交付权利人

在解除被执行人或者案外人对不动产的占有后，执行法院应将不动产交付申请执行人或者相关权利人，并办理交接手续，制作笔录，由申请执行人或者权利人签字确认。

需要办理有关财产权证照转移手续的，应向有关单位发出协助执行通知书。

二、动产或者票证的交付

187. 被执行人占有动产或票证的交付

187－1 强制执行

被执行人不履行交付义务的，执行实施机构可以强制执行。查封、扣押到应交付的执行标的物的，依照本指引第187－2－2条规定发放。

187－2 交付程序

187－2－1 直接交付

被执行人将执行依据确定交付、返还的物品（包括票据、证照等）直接交付给申请执行人的，被执行人应当向人民法院出具物品接收证明；没有物品接收证明的，执行人员应当将履行情况记入笔录，经双方当事人签字后附卷。

被执行人直接向申请执行人交付物品，系在执行人员的主持下进行交接的，执行人员应当将交付情况记入笔录，经双方当事人签字后附卷。①

187-2-2 法院转交

被执行人将物品交付至人民法院的，执行实施机构应立即通知保管部门对物品进行清点、登记，有价证券、金银珠宝、古董等贵重物品应当封存，并办理交接。保管部门接收物品后，应当出具收取凭证。②

执行人员应当自被执行人交付之日起三十日内，完成执行费用的结算、通知申请执行人领取和发放物品等工作。存在不能如期发放的情形的，可以延缓发放或者提存。具体手续依照本指引第143条、第144条有关执行款发放的规定办理。③

188. 他人持有动产或票证时的交付

188-1 通知协助执行

有关单位、个人持有被执行人应交付的财物或者票证的，执行实施机构可以向该单位发出协助执行通知书，通知其转交，并由被交付人签收。④

---

① 参见《最高人民法院关于执行款物管理工作的规定》（法发〔2017〕6号）第十八条，《人民法院办理执行案件规范》第495条。
② 参见《最高人民法院关于执行款物管理工作的规定》（法发〔2017〕6号）第十九条第一款，《人民法院办理执行案件规范》第496条第1款。
③ 参见《最高人民法院关于执行款物管理工作的规定》（法发〔2017〕6号）第二十二条，《人民法院办理执行案件规范》第499条。
④ 参见《最高人民法院关于适用〈中华人民共和国民事诉讼法〉的解释》（法释〔2015〕5号）第四百九十五条第一款，《人民法院办理执行案件规范》第643条第1款。

188-2 强制执行

他人持有法律文书指定交付的财物或者票证，执行实施机构依照规定发出协助执行通知后，拒不转交的，可依法采取强制执行措施，并可以强制执行。①

188-3 票证毁损灭失的处理

他人持有期间财物或者票证毁损、灭失的，参照本指引第189条规定处理。②

188-4 他人主张合法持有的处理

他人主张合法持有财物或者票证的，告知其可以根据民事诉讼法第二百二十七条规定提出执行异议。③

三、特殊情形的处理

189. 特定物毁损、灭失的处理

执行标的物为特定物的，应当执行原物。原物确已毁损或者灭失的，经双方当事人同意，可以折价赔偿。

双方当事人对折价赔偿不能协商一致的，人民法院应当终结

---

① 参见《最高人民法院关于适用〈中华人民共和国民事诉讼法〉的解释》（法释〔2015〕5号）第四百九十五条第一款，《人民法院办理执行案件规范》第643条第1款。

② 参见《最高人民法院关于适用〈中华人民共和国民事诉讼法〉的解释》（法释〔2015〕5号）第四百九十五条第二款，《人民法院办理执行案件规范》第643条第2款。

③ 参见《最高人民法院关于适用〈中华人民共和国民事诉讼法〉的解释》（法释〔2015〕5号）第四百九十五条第三款，《人民法院办理执行案件规范》第643条第3款。

执行程序。申请执行人可以另行起诉。①

190. 执行程序终结后对已执行标的妨害行为的处理

在执行终结六个月内,被执行人或者其他人对已执行的标的有妨害行为的,执行法院可以依申请排除妨害,并可以根据情节轻重予以罚款、拘留,构成犯罪的追究刑事责任。因妨害行为给执行债权人或者其他人造成损失的,受害人可以另行起诉。②

---

① 参见《最高人民法院关于适用〈中华人民共和国民事诉讼法〉的解释》(法释〔2015〕5号)第四百九十四条,《人民法院办理执行案件规范》第645条。

② 参见《最高人民法院关于适用〈中华人民共和国民事诉讼法〉的解释》(法释〔2015〕5号)第五百二十一条,《人民法院办理执行案件规范》第128条。

第十六章 行为请求权的执行

191. 通知执行

执行人员接到申请执行书或者移交执行书后,应当向被执行人发出执行通知,责令被执行人自动履行。

执行通知中应载明被执行人未按判决、裁定和其他法律文书指定的期间履行的,应当支付迟延履行金以及有关纳入失信被执行人名单的风险提示内容等相关逾期不履行义务的法律后果。

192. 采取执行措施

被执行人拒不履行生效法律文书确定的行为义务,应当支付迟延履行金。执行法院可以采取罚款、拘留,在征信系统记录,通过媒体公布不履行义务信息,将被执行人纳入失信被执行人名单,向被执行人所在单位、征信机构通报等措施促使被执行人自动履行。

193. 可替代行为的执行

193-1 确定代履行人

被执行人不履行生效法律文书确定的行为义务,该义务可由他人完成的,执行法院可以选定代履行人;法律、行政法规对履行该行为义务有资格限制的，应当从有资格的人中选定。必要时，可以通过招标的方式确定代履行人。

申请执行人可以在符合条件的人中推荐代履行人，也可以申请自己代为履行，是否准许，由执行法院决定。①

193-2 代履行费用

代履行费用的数额由执行法院根据案件具体情况确定，并由被执行人在指定期限内预先支付。被执行人未预付的，执行法院可以对该费用强制执行。

代履行结束后，被执行人可以查阅、复制费用清单以及主要凭证。②

194. 不可替代行为的执行

被执行人不履行法律文书指定的行为，且该项行为只能由被执行人完成的，执行法院可以根据情节轻重予以罚款、拘留；构成犯罪的，依法追究刑事责任。同时应当依照《最高人民法院关于公布失信被执行人名单信息的若干规定》第一条第（一）项的规定，将其纳入失信被执行人名单。

被执行人在人民法院确定的履行期间内仍不履行的，执行法院可依前款规定再次处理。③

195. 不作为的执行

生效法律文书确定被执行人不得为一定行为或者容忍他人为

---

① 参见《最高人民法院关于适用〈中华人民共和国民事诉讼法〉的解释》（法释〔2015〕5号）第五百零三条，《人民法院办理执行案件规范》第647条。
② 参见《最高人民法院关于适用〈中华人民共和国民事诉讼法〉的解释》（法释〔2015〕5号）第五百零四条，《人民法院办理执行案件规范》第548条。
③ 参见《最高人民法院关于适用〈中华人民共和国民事诉讼法〉的解释》（法释〔2015〕5号）第五百零五条，《人民法院办理执行案件规范》第649条。

一定行为，被执行人不履行的，人民法院可以根据情节轻重予以罚款、拘留；构成犯罪的，依法追究刑事责任。必要时，还可以依申请执行人的申请，责令被执行人交付费用，除去被执行人行为的结果。①

196. 执行程序终结后对已执行标的妨害行为的处理

在执行终结六个月内，被执行人或者其他人对已执行的标的有妨害行为的，依照本指引第 152 - 1 - 1 条规定办理。因妨害行为给执行债权人或者其他人造成损失的，受害人可以另行起诉。②

---

① 参见《人民法院办理执行案件规范》第 650 条。
② 《最高人民法院关于适用〈中华人民共和国民事诉讼法〉的解释》（法释〔2015〕5 号）第五百二十一条，《人民法院办理执行案件规范》第 128 条。

第三编　附　则

197. 执行记录

执行法院办理执行实施案件的全部过程均应依法予以记录，存卷备查。执行记录包括文字记录和音视频记录。开展现场执行活动原则上应全程录音录像。

198. 信息录入

执行案件办理过程中形成的案件办理节点信息，执行案件流程信息管理系统无法自动生成记录的，执行人员应及时录入。变更、追加执行当事人，采取查封、扣押、冻结、划拨、拍卖、变卖等财产查控及变价措施，采取搜查、拘留、罚款、限制消费、纳入失信被执行人名单等执行措施，以及其他涉及当事人合法权益的重要节点信息，必须录入。

199. 执行公开

执行实施案件的办理应当严格遵守法律、司法解释有关执行公开的规定。对办案过程中知悉的国家秘密、商业秘密、个人隐私等依法禁止公开的信息，不予公开。

200. 参照适用

财产保全案件的执行，刑事裁判涉财产部分的执行，行政判决、裁定、行政决定等行政案件的执行，除法律、司法解释另有规定，参照本指引执行。

后 记

2016年4月，最高人民法院发布《关于落实"用两到三年时间基本解决执行难问题"的工作纲要》（以下简称"纲要"），明确"要针对执行工作实践中执法办案的法律适用难题，着力解决执行中因法律资源不足、法律空白点多、法律规定不明确、缺乏可操作性导致的执行人员规范意识淡薄、执行行为失范等现象"。

为落实纲要的要求，近两年最高人民法院密集发布了一系列涉执行的司法解释和规范性文件；梳理汇编全部现行执行规范，出台《人民法院办理执行案件规范》。本指引的出版，适逢"用两到三年时间基本解决执行难问题"工作开展至两周年，应当说，执行规范体系整体上已经比较完备，基本能够满足执行工作规范化的需要。后续工作重点在于各级法院的全面贯彻实施，并在此基础上，推动强制执行法的尽早出台。

最高人民法院执行局为了保证本指引的顺利出台成立了专项工作小组，并借调了吴永科（珠海中院）、王齐亮（济南中院）、丁灵敏（浙江高院）、毛巨波（绍兴中院）四位同志，参与起草工作。北京高院、上海高院、河北高院、深圳中院、无锡中院、天津一中院、北京市西城区法院、朝阳区法院、门头沟区法院、大兴区法院、天津市和平区法院、石家庄市桥西区法院、江苏省宜兴市法院、合肥市肥西区法院、杭州市萧山区法院、台州市黄岩区法院等业务骨干也参与了本指引的修改、论证，并提出了不少宝贵的意见，在此一并致谢！

感谢人民法院出版社编辑对本书所付出的辛勤努力！